生命终点的
故 ——— 事

[澳] 兰詹娜·斯里瓦斯塔瓦 —— 著

石聿菲 —— 译

A better death :
Conversations about the
art of living and dying well

世界图书出版公司

北京·广州·上海·西安

图书在版编目（CIP）数据

生命终点的故事 /（澳）兰詹娜·斯里瓦斯塔瓦著；石聿菲译. —北京：世界图书出版有限公司北京分公司，2020.12（2023.4重印）

ISBN 978-7-5192-7910-3

Ⅰ.①生… Ⅱ.①兰… ②石… Ⅲ.①临终关怀 Ⅳ.①C913.9

中国版本图书馆CIP数据核字（2020）第195078号

书　　名	生命终点的故事	
	SHENGMING ZHONGDIAN DE GUSHI	
著　　者	[澳]兰詹娜·斯里瓦斯塔瓦	
译　　者	石聿菲	
责任编辑	王　鑫　卢　玲	
特约编辑	王玉春	
封面设计	林阿龙	

出版发行	世界图书出版有限公司北京分公司
地　　址	北京市东城区朝内大街137号
邮　　编	100010
电　　话	010-64038355（发行）64037380（客服）64033507（总编室）
网　　址	http://www.wpcbj.com.cn
邮　　箱	wpcbjst@vip.163.com
销　　售	各地新华书店
印　　刷	唐山富达印务有限公司
开　　本	880 mm×1230 mm　1/32
印　　张	9
字　　数	140千字
版　　次	2020年12月第1版
印　　次	2023年4月第2次印刷
版权登记	01-2020-6944
国际书号	ISBN 978-7-5192-7910-3
定　　价	49.00元

如有质量或印装问题，请拨打售后服务电话010-82838515

《生命终点的故事》所获的美誉

"死亡，是大多数人都避之不及，却又让我们无处遁形的话题。兰詹娜·斯里瓦斯塔瓦的这本书发人深思、鼓舞人心而且非常实用，除了它，我想不出更好的选择来作为引出这个话题的契机了。我们想在医生身上看到的所有优点——善良、悲悯、同情，以及出色的医术和职业操守带来的安心感，都在这本书的字里行间熠熠发光。"

——休·麦凯（Hugh Mackay AO），《美好的生活》（*The Good Life*）的作者

"这本书充满了感伤和深刻的见解，教人以怜悯、善良和宽恕的态度来面对'死亡'这个话题，无论是为了我们自己，还是为了

那些我们正在照料的濒死之人。斯里瓦斯塔瓦医生用她的诚实和坚定不移的务实精神，帮助我们直面死亡，让我们的生命充盈着紧迫感和真实感，从而也让我们的生活变得更加美好。"

——孔·卡拉帕那吉奥迪斯（Kon Karapanagiotidis OAM），《希望的力量》（*The Power of Hope*）的作者

"最后，这本书可以帮助我们为生命的陨落做好准备。斯里瓦斯塔瓦医生是一位热情洋溢、充满智慧、极富同情心的向导。本书既可以给我们带来慰藉，也可以提供我们都要面对的问题的实用建议，并告诉我们该如何带着善良和勇气死去；如果我们足够幸运的话，那么或许还能以优雅的姿态死去。"

——卡罗琳·鲍姆（Caroline Baum），《唯一》（*Only*）的作者

"这本书内容丰富，细节感人，对于任何想要追求人生意义和目标的人来说，都将留下不可磨灭的印记。"

——《澳大利亚女性周刊》（*The Australian Women's Weekly*）

"兰詹娜·斯里瓦斯塔瓦是一位颇具智慧的医生。《生命终点的故事》一书，汇集了她作为一名肿瘤医师和生而为人的丰富经

验与心得。斯里瓦斯塔瓦医生知道，死亡远不只是临床上的问题，还是复杂人生旅程的终点，而医药只是旅行者可能需要用到的资源之一。这本书关注了人的其他需求，比如友谊、诚实、目标、感动、爱和感激之情。事无巨细，哪怕微小得如一杯香茗也没有被遗漏。斯里瓦斯塔瓦医生以一种鼓舞人心又坦诚直率的方式，分享了工作中的许多故事。《生命终点的故事》这本书，每一页都散发着平和的正能量。在这个可怕又技术至上的世界里，它无疑是一剂良方，揭示着生命的奥秘。"

——迈克尔·麦克吉尔（Michael McGirr），《拯救我生命的书》（*Books that Saved My Life*）的作者

"斯里瓦斯塔瓦医生牵着你的手漫步在这本书中，巧妙而温柔地带领你走在通向生命尽头的小路上。她用心灵和实践作为领航的灯，生动而彻底地照亮了这条路。也许你会有点儿不情愿，但不得不承认斯里瓦斯塔瓦医生十分睿智，其所述的事理令人心悦诚服。很少有人能有幸得到她的亲自指导，但这本书绝对是仅次于此的选择。"

——莫拉格·茨瓦茨（Morag Zwartz），《成为山姆》（*Being Sam*）的作者

"兰詹娜·斯里瓦斯塔瓦医生将她独特的同理心和洞察力相结合，写出了这本无可替代的佳作，书里充满了暖心又明智的建议，告诉我们该如何在至亲走到人生尽头时给予其关怀。而且，她也邀请我们每个人好好地思考自己现在的生活方式，并用一种崭新的、清晰的思维来思考自己的死亡。这是多好的礼物啊！请务必一读，并将它赠予每一位你爱的人。"

——凯特·理查兹（Kate Richards），《疯狂：一部回忆录》（*Madness: A Memoir*）的作者

艺术永存，而生命短暂。

——希波克拉底

（Hippocrates，古希腊医师，西方医学奠基人，史称"医学之父"）

谨以此书向那些 〉〉〉

教会我道理的患者致敬

目 录

一个公平人道的社会应该意识到，

所有的人都值得拥有

好好地和世界告别的机会。

安然离世者们教我的事

　　眼里闪烁着期待的星光，我踏进了医学院的大门。毕竟这里不是所有人都能随便进的。当我第一次迈过演讲厅拱门的门槛时，心中梦想着改变整个世界。挂在走廊两侧的那些医学大师的肖像看起来不再是只能瞻仰的遥远事物了；相反，他们恰恰是活生生的榜样，激励着我早日在医学界获得殊荣。

　　就像许多年轻的医生一样，我也对自己的未来充满了疑虑。我遇到过许多在某一领域中医术精湛的医生，但我一直想知道：到底哪位医生能够全身心地照顾病人的一切需求呢？尤其是当他们的身体每况愈下的时候。在治疗失败时，我常常看到医生原本聚焦在病症上的关注逐渐消失得无影无踪。尤其是到了病人濒死的时候，这种情况经常发生。这通常是无意的，然而对于病危的病人和家属们来说，接下来要应对许多事情，此刻正是他们最需要帮助的时候，如果连医生也渐渐离他们而去，那么实际上这已经是某种形式上的"抛弃"了。因此，那些陪伴病人走到最后，能够从更深层次看待自己职责所在的医生，才是真正激励我的人。他们意识到，治疗结束并不意味着对病人的关怀也结束了。这些医生的确是优秀的医生，但更重要的是，他们还是有思想的人。我正是被他们提供给病人的那强有力的关怀和安慰所感动。

我在从医之初就曾震惊于生命的结束是多么孤独。我遇到过无助的病人及其至亲，他们都不知道自己在生命的尽头还能有何期许。我注意到了护理者们之间由于争吵造成的剑拔弩张的情况，以及由于他们内心强烈的斗争带来的苦痛。但我也感受到了病人在面对死亡时的泰然自若，还有亲人们出于共同愿望而做出决定时的平静。我曾看到过社工们处理一些实际问题，如偿还债务、记录遗产，然后再找时间来解决那些也许并没有直接的答案但却很值得关注的与人存在有关的问题：为什么生病的会是我？为什么现在我就要死去呢？这种行为让我甚是钦佩。

其实我本不该惊讶，因为有种情感是我多次遇到过的，那就是病人是多么地重视医生给予的善意。显然，病危的病人和亲属们都很感激医生在治疗时给予的帮助，但他们最感激的，还是那些在生命即将结束时照料和关怀他们的人。

我学到的一件重要的事就是：人终有一死，面对这个无法改变的事实，医疗设备是何其有限。病人和护理人员还告诉我们，了解疾病的真相是多么地困难，在生死抉择这件大事面前，他们又是多么地措手不及。他们不知道还能撑多久，也不知道又能做些什么。对于每位不愿意承认自己需要谈论死亡和临终话题的病人来说，有许多人需要别人的帮助才能说出想说的话、做到一直渴望做的事。

在经历了六年的医学院学习及十二年的实践训练后，我跟随导师的脚步，最终成为肿瘤学和内科学这两个领域的专科医师。

肿瘤医师擅长癌症的诊断和治疗，并且对于治疗癌症的各种方法的相对优点及其副作用都有详细的了解。

内科医师看诊的病人范围较广，如患有心脏病、中风、糖尿病、痴呆、感染、慢性疼痛、肺病及其他慢性内科疾病的病人，都在其治疗范围内。在六十五岁及以上的人中，十个人中有九个患有一种常见的慢性疾病，甚至很多病人会就自己的每个器官求诊于一位专科医生。内科医师最重要的作用就是避免零零散散的医疗，为病人提供一种整合的治疗方法。

我的主职是一名肿瘤医师。每年我也会有三个月的时间做内科医师的工作。二十年来，我一直在一家公立医院行医，这家医院的所在地是全国文化多元、社会经济发展落后的地区之一，这一地区的特点是犯罪率高、贫困根深蒂固、文盲程度高。在这种环境下行医并使病人得到有效治疗的难度是在其他地方的两倍。我曾经灰心失望，也曾被威胁和劫持，然而却从未想过要离开。因为在这些沉重的问题背后，还隐藏着一些其他的事物：这是一个前所未有的机会，留在这里，我不仅可以探索变幻莫测的医学，而且更重要的是，还能了解到来自世界各地的人们是如何体验生命和面对死亡的。

我的病人们来自多达一百六十个不同的国家，这个数字大得惊人。许多人的母语并非英语，他们遵循着不同的信仰，有着各自独特的习俗和传统。在这个大熔炉里，我给各种各样的人看过病，无论是专家、劳工，还是移民、难民；无论是有很多亲朋好友的人，还是孤身一人的人；无论是志得意满的成功人士，还是灰心丧气的失败者。我曾向前来照料临终病人的牧师、伊玛目[1]、僧侣和拉比咨询。我曾观察谁会在病人床边守夜，是什么能让一个悲伤的家庭凝聚在一起，不同的人又是如何学会放手的。而且我意识到，事实上这些正是我在工作中获得的前所未有的、最丰富的回报：一个

1　伊玛目，清真寺内率领穆斯林做礼拜的人。

能够思考有意义的生活及平静面对死亡的机会。

作为一名肿瘤医师，我明白由癌症造成的死亡往往有个人情感和癌症普遍病症的双重方面的原因。许多专业人士致力于帮助癌症晚期患者，随着医疗保健基金的建立、社会关爱的增长和医疗资源的不断增加，这类病人成为这一系列变革的受益者。这些都是理所应当的。但不幸的是，作为一名内科医师，我知道那些死于痴呆、心脏病、中风、感染或器官衰竭的病人并非和死于癌症的病人一样。这些病人的死亡往往是缓慢的，病情进展也是不可预测的，他们的死亡也同样痛苦，但这类病人和家属在最困难的时候往往感到信息匮乏、无处求助。

无须赘言，并非只有长者才会离世；三四十岁的人也有可能命绝于不治之症，他们在情感需求、遗憾和责任方面，通常与老年人有所不同。一个公平人道的社会应该意识到，我们所有的人都值得拥有好好地和世界告别的机会。

我们都渴望基本的独立和尊严，当遭遇痛苦的时候，很多人认为与其让生命历经一连串的缓慢折磨，还不如让它早点结束。现代医学让这种观点变得习以为常，然而即便病人是安然离世的，我们也会在宽慰中混杂着一丝悲伤，因为死亡还会涉及这些：病人不仅仅是作为一个独立的个体逝去的，他/她同时也是一位忠诚的伴侣、一位慈爱的父亲或母亲、一个亲爱的孩子、一个亲密的手足。

医生这一身份教会我，疾病的诊断、治疗和康复都是重要并令人振奋的事情，但更重要的是，当诊断结果令人失望、治疗不起作用、康复遥遥无期的时候，作为一名医生，需要拥有能够帮助病人应对这些困境的能力。不知何故，伴随着药物的研发和技术的进步，医学界逐渐忘记了"让人死去"这个选择。医学杂志、医学研讨会和大众媒体上，到处充斥着关于即将到来的医学突破的故事，有一些只是在找庆祝的借口罢了。但我们都是凡胎俗骨，每个人都终有一日会投向死亡的怀抱。这一点令医学界哑口无言、自信顿失，并且在如何准确地提及这个显而易见的事实面前，总是犹疑不定：人们都在慢慢地死去。我们可以因为害怕死亡而对其避而不谈，但无法阻止它到来的脚步。

在临终关怀的过程中，医生发挥着至关重要的作用。他们可以帮助人们了解到，什么时候可以叫停无用又折磨人的治疗、思考一些更有意义的问题，以便减轻病人的痛苦，为其带来平和与安宁。

我在年轻时也曾有过这样的经历。当时我初次怀孕，却突然在怀孕后期失去了一对双胞胎。在短短一天的时间里，我从一个非常健康的女人和新手肿瘤医师变成了一个惊恐不安的病人，还因为一种从未听说过的罕见疾病失去了一对双胞胎孩子。坏消息接踵而至，我原本就精神涣散，在此情形下，更是难以迅速接受这一切。在困惑之中，我向那位经验丰富的产科医生问了一个问题："我的双胞胎会死吗？"正是这个简单的问题成为我的救命稻草。

他回答道，"是的"。现在看来，这个答案值得称颂，也赢得了我无限的感激。接下来他平静而耐心地向我解释了原因。他的双眼湿润了，对我的同情显而易见。

我并未高估这个直白的答案的重要性，它的确消除了我的疑虑，使我和我丈夫免受苦寻答案却无果的痛苦，让我们走上了接受现实之路。双胞胎的死是无可避免的，但如果不是这位医生，那我们很可能会以各种不同的形式再度经历痛苦。医生在适当的时候说出恰当的话语，不仅会让我们的悲伤变得可以承受，而且能够使我们心情平静地面对接下来会发生的事件，并获得勇气。那对双胞胎得到了安息，而且我们后来又生了三个健康的孩子。

对于一个开始梦想着做出改变的医生来说，一路上经历了近二十年的临床实践、痛苦的个人损失和深刻的自我反省才意识到：良好的医学教育和昂贵的医学训练不仅可以延长病人的生命，而且可以合理地用于其他目的，如医生也可以帮助病人安然地死去。

　　毕竟，我们总有一天会陪伴着我们所爱的人走向生命的尽头，也许更重要的是，我们自己也终有那么一天。没有一个人能够拥有让我们安然而逝的全部经验、知识和智慧，但我们大家可以通过分享彼此的故事而有所收获。正如哲学家米歇尔·德·蒙田（Michel de Montaigne）所说的那样，"用别人的头脑武装自己是很有益的"。

　　《摩诃婆罗多》（*Mahabharata*）是一部有着三千年历史的印度史诗，为现代社会提供了圣人留下的教训。它包含一段神灵和贵族之间的对话。"世界上最令人惊讶的事情是什么？"神灵向坚战王（Yudhishthira）问道。

　　坚战王回答说："日复一日，一个人目睹了无数的同胞死去，然而他的行为和思想方式仍然如同他会永生一样。"

　　这既是一个深刻的人类哲学问题，也是每个人的内心探索。

　　我知道，如果我的病可以照亮别人的生活，那他们一定会感到高兴、谦卑又骄傲。事实上，在人们即将逝去的这段特殊的日子里，我们可以从中学到许多。我的许多病人希望能留出更多的时间陪伴家人和朋友，多点欢笑，少些争吵；多点满足，少些压力。但伴随着亲人的支持与爱护，他们还认识到，在迂回曲折的人生中，还有许多充满了幸福、成就和探索的时刻值得珍惜。这些人生的时刻赋予了生命更多意义，其持续时间的长短无关紧要。如果我们去寻找，就一定能发现这些时刻所带来的意义，并获得它们所能带来的慰藉。我们每个人都有着能安然离去的力量。

我对这本书最大的期许，是它能带给读者一种控制感。也许流行文化把死亡描画成了一种让我们只能逆来顺受或顺其自然的事，但其实它并非如此。死亡是一种普遍的命运，它不是我们为生存付出的代价，而是生命的自然结局。安然而逝，意味着在生命的最后阶段，我们也要优雅和满怀善意地对待自己和他人。我们既可以坚持那些会加剧痛苦的特质，也有权选择那些令人欢度余生的品格。对那些失去亲人的人来说，死亡不一定要与巨大的悲痛联系在一起，它也可以是一份激发出希望的遗产。对于我们所有的人来说，这就是为何"好好地和世界告别"不仅应该是一个希望，而且是一个值得追求的目标，让我们纪念自己曾经拥有的生活。

生命中的一天

"当你看到如此可怕的事情时，是怎么保持冷静的呢？"在一次社交聚会上，女主人这样问我。我内心的震撼往往不会表现在脸上。这让我感到松了一口气，但心里又隐约有些内疚。

今天的情况就很棘手，因为我很想告诉病人真相。被确诊后，在癌症的阴影下度过七年，这对我的病人露西（Lucy）来说已经非常幸运了。当然我也理解，以她刚刚四十五岁的年纪，她恐怕不能认同我对于"幸运"的定义。她认为的"幸运"是自己预后状况良好，无须再进行定期检查、住院治疗，而且还能够继续从事美容师的工作。

另外，她的药物并未导致其无法接受的副作用，她无须定期进行血液测试，也不必遵循医生的建议来决定什么时候去度假。

然而，在"幸运"的定义中，有一点是她无法接受的，那就是：她患有一种无法治愈的恶性肿瘤，有朝一日这会导致其离世。露西倍感压力，于是努力把每一天都当作生命的末尾来过，使生活变得有意义。每个一年一度的活动，如学校的音乐会、舞蹈表演或者圣诞节聚会，都可能是她生命的最后时刻，这谁也说不准。这就好比有一个无声的钟表不知在何处静静地走着，但在它走完之前，生活的一切还要继续下去。

她的药物是无毒的，但药性也绝不温和，她不得不努力去适应它们。说明书上标明人在注射药物后可能会产生一些不良反应，包括失眠、轻度的疼痛、性欲减退、乏力，以及一种不明显却具有长期性的恐慌感。对于露西来说，这些都是她想要活命必须付出的代价。药物并不能让她重回原来的生活，她必须适应这些变化。这一点是非常重要的。每次我向病人保证一种新药"毒性不是太大"时，其实真正想要告诉他们的是：整体而言，这种取舍是有利的，但终有一天也许情况会不再如此。他们的生活从此笼罩上了一种不确定性，而医学对此却无能为力。

然而，医生必须仍然能够为病人的疾病去做些事情。

有时，我会因为检查发现了一些异常而紧皱眉头，而露西会困惑地告诉我，"我感觉很好"。

"我很高兴听到你这么说。请记住,并不是所有的癌症都会引起问题。"

其实还有一句话被我咽回了肚子里:"但是总有那么一天,你和我都会痛苦万分。"

"它会痊愈吗?"

"不能完全治愈。"

有些时候,简洁的答案是必要且有用的。它们也许听起来会有点残忍,却是最保险的答案。如果一个病人总说"我不明白",我认为是行不通的。

然而在露西的例子中,多年来无数次这样的交流给我们带来了安全感,没有人怀疑这只是迟早会失去的短暂幸福。这样做能让一位既是妻子又是母亲的女性受益,因为每次复查都能让她感到轻松自在。在她见证自己孩子成长的日子里,为何要让她承受痛苦呢?何必用可怕的预测让他们的假期乌云密布呢?任何人都不愿让她的美好生活结束啊!

我之前曾告诉她,最近一次复查时不需要进行扫描,不过既然她的家庭医生安排好了,那也是有帮助的。现在露西把扫描的影像递给我,因为以前了解到很多病人不喜欢在这个环节中闲聊,所以我静静地逐个检查起影像来。我本希望能够先看看扫描结果,露西看上去很好,以至于我以为她没有什么异常。

突然间,意想不到的新病灶出现在我的眼前,这时我的心跳开始加剧。我眨了眨眼,仔细地又看了看,它仍然在。变化是细微的,但它绝对已经出现了,而且还涉及了一个非常重要的器官——肝脏。这意味着多年来我们一直尽量避免想起的棘手问题现在就出现在我们眼前了。

关于病情进展的第一个消息对医生和病人来说往往是具有毁灭性的。我感到脚下的地板仿佛在晃动。

"没什么问题吧,医生?"她的语气一贯是温柔又恭敬的。

过去,我曾多次转身给她令人安心的微笑和有力的点头,这就意味着告诉她病情很稳定。但是这一次,在我转身前的那一秒,我就知道自己要告诉她的事情足以让她的生活天翻地覆。从此刻起,一切都会变得不一样了。轻松的约会和自在的学校、家庭生活对她来说都将一去不复返,取而代之的是接踵而至的恐惧和忧虑。只需一句直截了当的声明,告诉她癌细胞已经扩散了,就会撕碎她的希冀,让她相信自己即将死去。可是,如果我只给她几句毫无意义的建议,说没什么大不了的,那就是在欺骗她。我需要特别注意自己的言辞和表情,因此十分紧张。

我坐下来,和露西四目相对。

我对她说："实际上，肝脏有一些新的变化。"我都没想到自己能如此冷静。当我继续说"它们意味着癌症又复发了"时，她脸上一贯亲切的表情逐渐消失了。这感觉就像是一种不必要的伤害，而当病人叹息时，更让我觉得无法忍受。"谢天谢地，它们只是一些小斑点而已。"每个肿瘤医师这样说的时候，心中都会经历一番挣扎，"我知道这很令人失望，不过病情进展尚浅，还有很多有效的药物呢。"

我沉默了，知道露西此时其余的话都听不进去了。在癌症不可避免地恶化的过程中，一些病人会哭泣，一些病人会不知所措，还有一些病人会愤怒地捶桌子发泄。露西只是静静地坐着，尽管我希望能说点什么来打破这种沉默，但最终还是选择理解她的心情，继续保持这份沉默。我的沉默，恰恰是对她永别平静生活的一种恰当的敬意。

她的脸因失望而皱了起来。她要求看自己的扫描影像，于是我拿给了她，并指出了肿瘤所在的位置。她问我，今天是否必须开始服用新药，我告诉她不必。她还问我，尽管也许我对她很失望，但是否能继续当她的主治医生。听到这里，我的心理防线彻底崩溃了。

"我并没有对你感到失望，"我解释道，这一刻眼泪刺痛了我的眼睛，"我只是很难过，癌症又复发了。"

她的电话突然响了，于是她带着歉意说："是我妈妈，她总是挂念着我。"

露西的丈夫不能陪她来的时候，她的母亲会代替他，所以露西永远不会落单。今天露西本来感觉很好，所以才会独自前来检查。这是一个亲密无间的家庭，我真不愿意去想象，自己的话会给他们的生活带来多大的波澜。我只好尽力去想，孩子们除了母亲，还能得到许多强有力的爱和支持。

她轻声说道："我觉得心神不宁。"我当然知道为什么。她的心里已经开始在想很多事情了：多年来自己是否一直按时吃药呢？有没有哪个周末忘记吃了？如果说上个月的疼痛是一种预兆的话，那该怎么告诉妈妈呢？要是新药不起作用的话，孩子们又会有什么反应？该告诉他们多少呢？如果现在就突然感到不适了，那还有多少时间可以用来完成剩下的事情呢？

我知道自己的感觉和她的一样，而且似乎没有什么安慰的话可说。因此，我只能回应她心中所想的："我会尽自己所能来帮助你。"

露西或许感到了不安，但并没有流露出一丝一毫，而是礼貌地离开了诊室，让我能够整理自己的思绪。

她是躲进汽车里哭了，还是掩藏起自己的情绪直接开车回家了呢？她是给她母亲回了电话，还是暂时瞒着，免得母亲难过？她丈夫当天是休息，还是请了病假？那天晚上她又做了什么，是在餐桌上表现得若无其事，还是告诉了孩子们真相？那天下午，当我在计算她下次化疗的剂量，努力让她的药效最大化、副作用最小化的时候，我想她也会在心里默默地计算自己还能活多久。

我禁不住担心：她是否会因为我没有让她进行扫描而对我失去信心呢？她会认为我对她的病漠不关心吗？她会担心我会再次让她失望吗？我尽量不让这些担忧困扰自己，因为我知道，对于我们这些从事的工作与病人紧密相连的医生来说，这些担忧是很普遍的。

露西走后，我还接诊了其他病人。有些病人的病情，可以直截了当地说，有一些病人则需要鼓励。有些病人在治疗的过程中遇到了麻烦需要我介入，从简单问题的解答到关于预后不良情况的非预见性的谈话，各种各样的问题都有。每个病人都需要关心和关怀，偶尔还需要我耐着性子劝导一番。

但是在脑海的一隅，我一直在想着要千方百计地为露西做些什么。因此，我一直埋头在药物、试验和文献中，忙个不停。在此期间，我只要一想到她年迈的母亲，或她年幼的孩子在候诊室里等着，就感到害怕极了。我的脑海里会不由自主地浮现对她进行临终关怀的画面。我赶紧将自己拉回到现实，想象着仍有一些未发现的药物，它们能够让她继续活下去。虽然所有的情绪都在争先恐后地吸引我的注意，但我还是提醒自己不仅曾遇到这种情况，而且将来一定还会再面对它。这些就是一个肿瘤医师的权责所在。这就是有些医生说自己永远不想再从事这份工作的原因，同时也是另一些医生不愿想象自己投入其他工作的原因。

尽管我从未厌倦自己的工作，但一直觉得周一的早晨十分难熬。从我走进病房开始诊治周末入院的病人的那一刻起，周末所带来的愉快的心情很快就烟消云散了。因为一到周一的早晨，我就得和那些整个周末都焦虑不安的病人面对面地交谈了，而他们都认为自己正处于最糟糕的情况。有些人是对的，他们清楚地知道，周末应尽量避免去医院，除非身体严重不适。但有些人只是有些小毛病却在周末来医院看病，其实他们的问题完全可以用抗生素、止痛药来解决，甚至他们仅仅听两句宽慰的话即可。

与在我的诊所看到的病人不同的是，在这里很多病人与我都是初次见面。我既可能会接管他们，也可能会得知他们已在别的医院另找了一位肿瘤医师进行治疗。也许其他医生已经向他们保证说周一来的时候一切都会好起来，但通常来说情况并非如此。

就算是良药也需要时间，而迷宫般的医院系统可以将有望康复的病人淹没在一片脆弱的海洋中。

在查房的过程中，我们既会给出病情好转的好消息，也会告之病情恶化的坏消息，偶尔还会下达病危通知。我常常抱怨我们的工作没有片刻轻松，周一的例行工作之一就是告诉素不相识的病人，我是一名肿瘤医师，而他们得了癌症。这并非做这种事的最理想的时间，但这样开始每周的工作就好像一头扎入周末积攒的情绪中去。这也是一个强有力的提醒，告诉我们必须尊重生命和体谅他人。

我的病人们的故事乍一看来都是很难让人接受的。一个共同的主题就是不接受死亡是生命的必然结果。事实上，克服这个困难耗费了我大部分的时间。这有许多原因。对于"死亡"这个话题，医生三缄其口、病人避之不及，而且现代社会对此的态度是：每个问题都有即时可行的解决办法，每种疾病也都有快速见效的治疗手段。

对死亡的否认是如此普遍，以至于我与许多绝症病人商讨时，不得不先对其普及"我们都是肉眼凡胎"这个概念。实习医生与新手医生们也许从未听过这样的讨论吧。我也会为病人准备一些别的事情来娱乐一下，如讲述引起轰动的最新疗法，晚间新闻里的病人神奇痊愈的案例：有人说自己某位邻居的病症完全消失了。然而我们也不能忘记将病人们带回现实：我们的生命是有限的，到底该如何在其有限的时间内将生活过得更充实，取决于我们自己。我相信，这是所有医学任务中最困难的部分。

让人们都相信谈话是必要的，并非易事。如果这很容易实现的话，那么所有关于"安然死亡"的那些伟大的演讲、动人的故事和"草根"运动都早该奏效了。预约另一项检查，或者孤注一掷地尝试一种药，只需在键盘上轻轻一点就可以了；而谈论像"死亡"这样重要的事情则需要空间和时间，也需要金钱，而且这样做常常会有失去病人信任的风险。对于那些开出额外检查名目的医生，没有病人会反对，而对那些坦诚告之其已无药可救的医生，病人的抱怨反而比比皆是。

病人愿意忍受很多痛苦，然而我当医生的时间越长，就越懂得：作为一名医生，我们需要关心的事远远不止药物和器官。的确，信息技术的突飞猛进为我们提供了数量空前的科学文献、研究和创新成果，这些多到任何医生都无法应付。而哪里数据越多，哪里就越少有人关注。但有种需求从未改变，那就是医生必须用温柔的方式来处理病人的状况。

特别是在病人临终前，我们不仅仅要求医生具有专业方面的自信，同时还期待他们善良，懂得安抚和宽慰。我们渴望能够遇到一位认真考虑过死亡，并且理解被一连串的欲望、恐惧和希望折磨之后是何种感受的医生。我们希望由一位能花时间倾听、给出建议但又能赋予我们自己做决定的权力的医生来诊治。能由这样的医生来照顾，对于病人来说才是最好的。所有的医学工作者都有义务去实现这一雄心勃勃的目标，而它并非一个不可能完成的任务。

作为一名医生，我最繁重的任务就是帮助我的病人接受死亡。我也想过，谁知道呢，也许终有一日，我也会像他们一样哀怨困惑，担心自己即将死去。但我又不敢进一步去思量，因为认真思考会让我在工作中感到心痛不已。我们的死亡是注定要到来的，但悲哀的是，关于"死亡"的讨论却不是如此。事实上，在这个医学取得了空前进步的时代中，医学干预很容易变成一种徒劳的医疗手段，不仅可能给病人带来痛苦，而且还会造成社会资源的浪费。因此，好好思考我们想要如何死去这件事比任何事情都重要。但是，如果我们把"死亡"这件事视为无法克服的问题的话，那就很可能会失去自己思考生命、平静死亡的权利。我们生来就拥有许多本能，但还必须掌握那些能让我们活得美好、死得安然的能力。这一定没问题，因为我们人类有一种了不起的能力，那就是向他人学习。

这天，最后一个来找我咨询的对象是一位病人的儿子。他将一个信封递给我的时候，泪水忽然夺眶而出。"我答应过自己不哭的，但却看到了你。"

"这就是我的工作。"我装作有点消沉又耸了耸肩的样子引得他笑了起来。

因为一件特别的事情，他在卡片上向我表达了感谢："谢谢您为我父亲担忧，却又从不在他面前表现出来。"他还称赞了我的整个医疗团队，"虽然知道你们无法医好我父亲，但我十分感激你们表现出的同情心。"我本不会如此轻易地被打动，但他的话犹如雨滴落在干涸的土地上一般，令我深受触动。我知道这张卡片主人的年迈父亲是多么地想要活下去。有时候，我们衡量医患之间关系强度的依据主要是病人寿命的长短，但这并非对每个人都是公平的。信任、同情心和沟通也应该同样受到重视。当面对死亡的挑战时，弥补我们弱点的灵药就是找到有意义的方法去帮助病人。

了解自己就是一个很好的开始，但若想要安然而逝，我们必须清楚地表达出自己的想法，并为了好好地与世界告别做出果断的决定。这一点比任何事情都重要。我记不清有多少病人和家庭因为无法面对这个日益复杂的医疗系统而陷入了无谓的悲伤。因为当少一些治疗反而更好的时候，这个系统却促使他们接受更多不必要的治疗。

我们的祖先敏锐地意识到死亡是无处不在的。婴儿会早夭，女性会死于分娩，感染、贫穷、饥饿和意外事故能肆意地摧毁生命。

"对于新生儿来说，死是注定的；这正如对于逝者而言，生是必然的。因此，我们无须为不可避免的事而感到悲伤。"《薄伽梵歌》（ Bhagavad Gita ），一则古老的印度教宗典如是劝诫我们。

"让我们吃喝玩乐吧，因为也许我们明天就会死去。"《旧约》（ the Old Testament ）中的《以赛亚书》（ Book of Isaiah ）这样建议道。

在成长的过程中，我时常听到一些年老的印度长辈公开地以一种谦卑的口吻谈论他们可能无法长命百岁。他们的声音没有透露出任何强烈的情绪，没有欲望，也没有焦虑不安，他们谈论死亡，就好像我们谈论日出或潮汐一样。他们知道，万物自有其宗。

与过去的时代不同，现在已经很少有突然或者意外的死亡发生了。对于过去的几代人来说，早年就失去父母或祖父母是很常见的事。与他们相比，我们活得更长久也更健康，因此现在许多代人都可以期待着一起老去。对于我的一些老年病人来说，最自豪的事情莫过于数数自己这辈子有多少孙儿和曾孙了。而他们的长辈们，只要能活着看到孩子长大，就已经算是幸运的了。

在当今社会里，感染防控措施的升级，住房和卫生条件的改善，识字率的提高，疾病预防措施和医疗技术的进步，都可能会使我们将死亡抛诸脑后。我们总想着以后再去面对它——下个月甚至是明年，等我们商量好退休的事宜，最年幼的孩子也已长大离家，或者真到了有哪里不对的时候再说。毕竟，世界上到处都是生龙活虎的人呢，不是吗？

唉，这样一来，在受形势所迫，不得不面对死亡之前，我们就无法深刻地思考生命本应被赋予的意义了。当我和病人谈论起他们有限的生命，问及在余生中何为重要之物时，时常会有如此感受。他们往往会困惑地看着我，怀着满腔诚意地回答："我不知道。我从来没有想过这种事竟然会发生在自己身上。"

在死亡面前，我看到过令人敬畏的勇气，难以言表的深爱，非同寻常的牺牲，无法抑制的愤怒和发自内心的困惑。因此，我很难定义到底什么才是"好的死亡"，因为对不同的人来说，它的内涵也不同，但当我们亲眼见识到它时，大多数人都能凭直觉感受到它的力量。尽管所有的死亡都会令人痛苦，我们却能在安然逝去中找到巨大的安慰。而那些与此相反的死亡，则会使亲人陷入永久的悲痛和哀思。

佛祖说："即使是死亡，也不会吓倒那些生活中的智者。"我们祖辈的谈话、祈祷和冥想都包含着许多关于死亡的警示，提醒着我们过简单而有意义的生活的重要性。全球化发展使我们逐渐摒弃了这种积极的思考方式，让我们的生活节奏变得更快、活动范围变得更广，人际关系也变成了交易。医学惊人的进步攻克了许多曾经被认为是无法治愈的疾病，让数百万人的生命得到延长、生活质量得以提高。但在这一过程中，我们逐渐忘记了生命仍有尽头这件事。在现代西方社会中，绝大多数的死亡发生在医疗机构里，但医学教育却很少教导医生们该如何面对生命的结束，以及怎样对病人进行临终的关怀。

作为一名肿瘤医师，我工作中的一个重要的部分就是关心和照顾那些生命垂危的病人。因此，我不仅学到了医学知识，还获得了一些实践经验，并且能运用它们来帮助临终病人应对死亡。照料垂死之人也许没有乐趣，但却能让我有所收获，如一种看问题的视角。在工作中和我一起并肩作战的医生们，能够了解到健康状况的反复无常，以及生命的瞬息万变。我们看到，即使在一个衰弱的身体里，疾病仍然可以一点一滴地痊愈。我们见证了一个充满爱的家庭所带来的改变。我们见识到善良是如何撼动山峰的，而任何医学手段都做不到这一点。对病人的深切关怀也使我们得以面对自己的局限，克服自己对死亡的恐惧。每天，我们都能学到一些真正重要的道理。

我的身后有我三个孩子的照片，每当我转过身去翻找表格的时候，就能看到他们的笑脸。他们刚刚开始明白我的工作需要承担什么，但大多数时候，他们天真无邪地生活着，像任何父母所希望的那样快乐地玩耍着。孩子们支持着我，使我意识到自己是何其幸运。但我发现最令人感动的是，病人们也恰恰爱着他们。我记不清有多少次，他们湿润的眼睛从我身上转移到我身后的照片上，仿佛在说："如果你有孩子，那么一定能了解我的感受。"每每此时，一种可怕又悲壮的期待会立刻油然而生。

现代生活充满了各种指导我们如何过好生活的小窍门，提醒我们感恩、冥想、发现生命的意义，以及思考自己的遗产。审视别人的生命，再反过来探究自己的生命，比任何方法都更能够强调这些事情的重要性。因为人终有一死。假装自己与众不同，那根本是自欺欺人。不过，相互学习也许是我们能为自己的生命所做的最为明智的事情。这些就是我在人生中经历的挑战和得到的安慰。

在职业生涯之初，我根本没有考虑过会有这样一本书，更不用说写它了。然而，多年来我一直与各种各样的病人打交道，几乎见

识了每一种病症。这段经历赋予了我两个信念:第一,安然而逝是
完全可能的;第二,医生应该引导病人做到这一点。

这本书并没有忽略科学巨大而空前的进步,它的内容也并不
是关于放弃或屈服的。佛教中有一句谚语:"具备弟子相,亲近善
知识。"我发现那些令我难忘的病人就是如此,他们本过着平凡的
生活,直到不得不与死亡展开殊死搏斗。没有教科书的帮助,他们
只得挖掘自己的内心,去思考如何走好这段旅程。同样,我也遇到
过数不胜数的这样的病人家属,他们从未想过自己会被赋予帮助
挚爱安然离世的重任,也根本不认为自己能胜任这项任务。然而,
到了这个时刻,他们又能勇敢地挺身而出。

这就是我想在这本书里向各位读者传达的信息。我希望,它
能为你面对生命中重要的事件之一——死亡,提供一些启发和
安慰。

第一部分

安然离世者们留下的财富

生活是由思想决定的。

——马可·奥勒留

（Marcus Aurelius，古罗马皇帝、思想家、哲学家）

十六世纪的神学家——马丁·路德（Martin Luther）曾说，有两件事是每个人都得独自面对的，那就是自己的信仰和死亡。这些年来，我已经悟出了这句话的真谛。那些安然离世者都持有一些能够指导和丰富他们人生的特定的价值观和品质。怜悯心、同情心、宽容心、自我价值感，以及平和的心境、自我接受能力和复原能力，都是非常重要的优良特质。也许我们不像他们那样拥有如此多的优良特质，但可以努力培养，并在人际交往的过程中令其得以表现。

令我难忘的一些病人，即使在对抗病魔的慌乱时刻，也能运用这些优良特质来缓解自己的痛楚并宽慰那些支持他们的亲朋好友。他们会为此自豪，因为知道自己留下了一笔财富。

信仰

人生最困难的事情就是认识自己。

——泰勒斯

（Thales，古希腊思想家、哲学家）

死亡会使人们产生一些深沉的情感。将它们整理归纳、分清轻重是一项艰巨的任务。因此，需要我们全情投入。无论我们是由这些情感进行沉思、计划、哀悼、庆祝，还是从中获得慰藉，都需要一个安静的空间。然而具有讽刺意味的是：在现代医学试图为患者倾尽所能时，却没有真正地为他们腾出空间。

简单地观察一下我的病人就能了解为什么有些事是他们不可能有机会去做的。他们需要接受跟踪随访、做各种检查、确保与医护人员的联系、计划出行、寻求帮助、努力应付各种账单、协商工作、向别人解释自己的病情，还要避开那些给他们带来压力的探病者。这些还只是我听说过的任务清单，不过能够想象，这个任务清单恐怕是永无止境的。的确，我们自然而然地会问：对于无助的病人来说，能让他们暂时摆脱那些令人精疲力竭的日常琐事，并去思考人生和身后事的时间到底在哪里？

对于很多人来说，这个机会永远不会出现。有相当一部分人说他们从未想过自己的死亡，即使是笼统的思考也未曾有过，而且这个数字多得令我吃惊。他们并非都是年轻人，很多人已经接近中年甚至还要年长。但我也经常遇到那些能够完美应对死亡难题的人，他们恰恰体现了犹太教法典《塔木德》(*Talmudic quote*)里的一句话："好好活着，就是最好的复仇。"

我们的死亡是无可避免的，但我发现，人们都不愿去相信这一点。在工作中，我每天都会碰到一些持固执观点的人——认为无论什么病都一定有药方能医治，而且只要用对了办法，死亡是可以避免的。在这个问题上，媒体的影响举足轻重，因为它们总是大肆传播一些充溢着类似于"变局者""突破"及"创新"等字眼的虚假故事。社交媒体会将它们精编成同一种通俗却离奇的故事，这些故事里通常都会出现一些身患绝症的病人，同时又会歌颂医生是怎样地妙手回春。实际上，让病人起死回生的事是非常罕见的，但是这类故事却影响了我们大家看待医学的方式。

最近，我读了一位年轻女性的病例报告。她患有一种罕见的、极具侵袭性的癌症，这种癌症连大多数肿瘤学家都没听说过。但他们说服了她的主治医生，给她服用了一种据说可被用来治疗这种病的新药。患病几年以来，她经受了许多痛苦和失败的治疗，但是自从服用了新药之后，症状立刻消除了，她甚至能够重返职场，并能在体育馆里进行高强度的锻炼了。

经查证，这个故事的细节都是真实的，但我认为和病人的康复同样值得称颂的，还有她的肿瘤医师的让人乐观的观察报告。

他并没有把这个案例看作奇迹，反而说自己对于这个结果感到非常困惑，并承诺会倾尽毕生精力来找出这位病人会如此独特的原因。我希望更多的医生能采取这样一种平衡兼顾的方法。

我曾遇到过一位病人，他被预测会死于癌症引起的肝脏衰竭。我们向他推荐了姑息性治疗，可是只要一有人提到"临终关怀"的字眼时，他就会拒绝交谈。他想要做更多的化疗，但那并不安全，因为可能会引发大出血或者昏迷。不过，最终不知道他用了什么办法，迫使肿瘤医师同意了。在接受治疗的过程中，他死在了自己的化疗椅上，在场的所有人都目睹了这场惨剧。在死亡评审中，每位医护人员都深感懊悔，然而他们都知道，这种事情的发生既不是第一次，也不会是最后一次。

虽然大家都害怕死于癌症，但事实上，我们更有可能被诊断出患有一种或多种慢性疾病，它们无法被治愈，而且会逐渐恶化并导致死亡。这些疾病包括糖尿病、心脑血管疾病、慢性肾衰竭、肺病、痴呆和精神疾病，而我们往往会低估它们的威胁性。在超过六十五岁的澳大利亚人中，十个人中有九个患有至少一种慢性疾病，而且百分之七十五的死亡都是由慢性疾病造成的。许多发达国家都有类似的数据，甚至连发展中国家也出现了越来越多的这种所谓的"生活方式疾病"。

在医疗保健中慎重地做决定具有前所未有的重要性。同时，解释急性和慢性疾病之间的差异也显得十分重要。

像阑尾炎或者肺炎这样的急性疾病，会突然使人感到不适。这时现代医学往往能够大显神通，让人重获健康。疝气、骨折或者车祸也是类似的情况。当病人从病痛中恢复时，通常会把这些经历抛诸脑后。他们无须定期服用药物或者长期接受治疗。

慢性疾病的表现则不同。随着我们器官的老化，它们变得不那么有弹性，并进入一个逐渐衰竭的阶段。还有一些伤身的不良习惯，如暴饮暴食、缺乏锻炼、吸烟和酗酒，都会加速这种衰竭。饮食和生活方式的改善可以减缓这种恶化，但是并不能完全将它逆转。

从广义上来讲，我们所追求的是好好地生活并从现代医学的发现中获益，而不是受制于医疗干预，使人生变得痛苦。不过，这常常本末倒置。

我之所以意识到这一点，是因为最近遇到了一位认知能力受损的男士。他每周都要做三天的透析，而他的妻子为此大为苦恼。因为每次做透析时，他总是会感到精疲力竭，头脑也昏昏沉沉。他好不容易在透析间隙的日子里恢复一点，却又在下一次透析后被打回原样。

每个人都觉得他的生活质量堪忧，当折磨了他十年之久的肾衰竭急剧恶化，以至于他无法清楚地表达自己的意愿时，就意味着他必须接受透析治疗。他的认知能力还能让他决定自己吃什么、穿什么，但是他没有能力权衡接受治疗和拒绝治疗所带来的不同结果了。当产生疑问的时候，医学常常会因过度治疗而导致错误频发。出于本能，没人希望自己落到像那位病人一样的境地，然而希望和现实之间的平衡是很难把握的，对于那些没有考虑过"死亡"这个问题的人来说，这几乎是不可能的。这就是如果想要生活得更好，我们必须从相信自己是凡夫俗子开始的原因。要想在紧急关头做出万全的决定，树立这个信念是第一步。

作为一名肿瘤医师，较大的益处之一就是能看到一些人在这方面表现得多么出色。身处致命疾病导致的混乱之中，他们还能留出空间来平静地商讨、接受、宽恕。这一切既能缓解自身濒死的痛楚，又能赋予他人力量。人们总觉得他们的恢复能力强，然而在我看来，这其实是其他能力的衍生物。他们的恢复能力之所以如此强劲,是因为他们看待生命的眼光较常人的更为长远。

作为一名医生,我能够向患者提供大量有科研结果和证据支撑的信息。医学仍然没有针对所有疾病的办法,但已有的方法比起之前已经多得多了。我们有千百种方案来对付疾病,针对生命末期的症状也有良好的办法。信息世界的流动性使人们轻敲键盘就能获得最专业的意见。

但是,关于如何帮助病人与死亡达成和解,医学还未提出明确的策略。在这方面,医生必须仔细观察,谨慎地深度挖掘自身的信念。医生必须审问自己的良心,检验自己是否怀有偏见,然后才能断定自己到底能给予病人多少帮助。

医生们也不知道该如何与病人谈论死亡,因为医学重在维系生命。其实医生和病人一样害怕死亡,或许还会因为所掌握的知识而对死亡感到更为恐惧。而最终,医生们谦卑地认识到,在"有意义的生活包含什么""如何安然地离去"这些问题面前,他们的学识并不比其他人的更有价值。

有时,我会担心肿瘤医师这个职业会令人早衰,但也不得不说,是它让我进入了一个非常令人满意的护理病人的世界。它还让我深刻地意识到,安然而逝到底意味着什么。

首先,如果没有一些事实做基础,那么人们很难去主动思考死亡这件事。但若在现实中遇到了这件事，我们就会想要去了解它。

　　其次，既然我们已经知道了人与人各不相同，那么对于疾病发展的自然过程又有多少了解呢？具有不可避免的副作用的激进治疗比起以让病人舒适为目的的有限治疗来，到底哪一种更好呢？某些治疗在寿命和生活质量方面，分别会产生什么影响呢？有些治疗对两者都会有改善效果，也有很多则不会。我们知道，很多人随着年纪增长会把维系自理能力放在延长生命之前考虑。一些基础信息的获得，会影响我们所有重要的决定。

　　再次，人体是复杂的，而且人们对于医疗保健系统的适应过程也会变得越来越复杂。专家的意见确实很重要，但人不应该成为它的奴隶，也该听听家人和朋友商榷的意见，毕竟他们是把我们首先当作一个"人"来看待的，其后才着眼于我们作为"病人"的这个身份。我们提供给濒死者的应该是经过深思熟虑的想法，而不是往往与追求奇迹有关的条件反射。

　　最后，我们应该接纳来自护士、社会志愿者、医疗辅助人员及牧师的意见，尽管他们通常位于医生背后，但可以想医生之未想，从而让我们生活得更好。

　　从哲学上讲，我们应该不断地盘点那些给我们带来快乐和满足的事物，并将其放在优先位置上去考虑。到了生命的尽头，大多数人根本没有精力去释放自己的激情和发展短暂的兴趣。那些知道该放弃哪些快乐，又该把握哪些欢愉的人，往往能享受到优质的生活，而这对于许多人来说是很难做到的。对于我的一些病人来说，阅读能力很重要。而对于另一些人来说，独立生活、欣赏花园的风景，或者花时间陪伴孩子才重要。认识到什么事情对个人来说最重要，能让我们离自己的目标更近一步。

要知道，即使是我们当中最坚忍的人，也可能在做好了死亡的准备的情况下，仍然心怀恐惧。我在查房时总是遇到这样的病人：一些人害怕的是身体方面的病症，如疼痛、恶心、无力等；另一些人则会被后悔、抵触或罪恶感这样的感受所困扰；还有一些人觉得很难弄清楚自己的感受到底是什么。向别人寻求帮助，以弄清楚困扰我们的到底是何物、我们又能做些什么，是一种成熟的标志。

想象自己从这个世界上消失的确不容易。总有一些别的事物需要我们去照顾。父母盼着孩子长大，建筑师盼着房子完工，祖父母盼着另一个孙儿出生。无论我们认为自己的生活有多么平凡，大多数人总能找到一些继续生活的动力。

作为旁观者，我们一定会对那些不忍离世的人抱以同情，同时也要想出一些更好的办法以应对自己生命的最后一刻的来临。为了更好地迎接生命的最后一刻，我们应该表现得平静而体面。这不仅是为了自己，也是为了我们所爱的人，为了那些深爱着我们的人，以及那些无法想象生活中没有我们的人。

我曾目睹人在临终时做出的意义十分深远的行为，但诚实地讲，我也不知道在自己的生活中能够重现多少。我们无法预测自己是否能实现自我的殷切期许，但却应该知道：经过一番深思熟虑并进行有意识的行动后，我们是有可能好好地和世界告别的。

接受

只有追寻更好的自己时，我们才能过得更美好。

——苏格拉底

（Socrates，古希腊思想家、哲学家）

当莎莉被诊断为癌症晚期时，她才四十岁。她有四个孩子，最小的才七岁。她之前咨询过医生，说不知道是不是徒步时走得太急了，在一次全家度假后，她身体的一侧总是感到刺痛。然而，医生却发现了一些更严重的问题。

要不是莎莉在别的医生那里有了第一次糟糕透顶的就诊体验，我就不会认识她。只要是预约过医疗检查的人都知道，实际的就诊过程复杂极了。起初，莎莉的家庭医生相信了她说的话，给她开了一些消炎药。但是疼痛并没有减轻，莎莉又做了一些检查，却被怀疑患有癌症。在接下来的两周里她又做了其他的检查，然后又一次等着预约肿瘤医师。

我无法想象她那几周的等待是多么沉重，每一个结果都会令她倍受打击。但不知用了什么办法，莎莉和丈夫约翰一边等待着肿瘤医师的说法，一边装作什么事都没有发生似的，成功地维持着正常的家庭生活。

　　在预约的那天，他们注意到诊所里非常忙碌，所以耐心地等待了一整个下午，希望能弄明白患上晚期癌症意味着什么。天色渐渐暗了下来，一些医生离开了。最后，叫了她名字的是唯一一个留下的医生——一位实习医生。他看上去十分疲惫，寻呼机还不停地响着。这对夫妇并没有理会这些纷扰，而是全神贯注地和医生交谈着。而接下来发生的事情，会永远铭刻在他们的记忆里。

　　这位实习医生直截了当地告诉莎莉，她得了不治之症，预后情况很差。不过如果她愿意的话，那么也可以试试进行化疗。

　　"我坐在那里，呆若木鸡。"她后来这样告诉我，"那个实习医生表现得就像一台机器，声音里没有一丝同情，对于我们所遭遇的悲剧也毫无感觉。"

　　"您说的是什么意思？"当约翰能发出声音时，壮起胆子问了一句。

　　他们听到的，是莎莉需要开始计划死亡事宜的消息。

　　"我表示难以置信，并嘲笑他，"莎莉回忆道，"我笑着说'我有四个孩子。我要卖掉房子和我所拥有的一切，为了他们活下去'。"

　　实习医生疲倦地看着他们，似乎以前听过这些话。

当莎莉和约翰手牵着手走出去的时候，夜幕已经降临了。他们满怀希望地进行了第一次针对肿瘤方面的问诊，但事实证明，它太令人沮丧了，以至于他们都说不出话来了。他们本以为会在回家的路上谈论治疗的相关事宜，然而最后讨论的却是如何搬到别的国家去接受更好的治疗。对于生活一贯平静的夫妇俩来说，这种恐慌是如此陌生，于是他们给一位在医院有过一面之缘的护士打了个电话，聊了聊他们震惊的心情。她劝他们在做决定之前，再去找别的医生看看。莎莉勉强同意了，当时我正好有个问诊取消了，于是我们就这样见面了。

我见过许多种被诊断出癌症后的病人的反应，有的病人目瞪口呆，有的病人呼吸急促，有的病人啜泣不止，还有的病人甚至濒临崩溃，但从莎莉走进来的那一刻起，她的反应就很令我震惊。我从她的病史中得知，她并没有患癌的危险因素。因为她没有家族病史，本人既年轻又健康，自打分娩后还未曾来过医院。这次因身体一侧疼痛被诊断出癌症就已经够不幸了，结果还在第一位肿瘤医师那里经历了糟糕至极的问诊过程。

许多病人可能会因为受到前一次糟糕经历的影响而不信任下一位医生，这也是有道理的。但从莎莉的表情来看，我并未看出她前一天见了一位肿瘤医师。她表情淡漠，我看不出她脸上有什么不满的情绪。但当我开始为她的遭遇感到抱歉时,她的眼睛蒙上了一层阴影。

"已经太晚了。"她说道,平静地解释了这种令人无法接受的遭遇。我看到约翰在努力控制情绪。

莎莉继续说:"我想忘掉那天的不快,了解一下你所知的事情。"

我将事实向她娓娓道来。她的癌症已经发展到了晚期,无法进行手术了,她没有办法阻止它。而且事实上,现在年轻人患癌的概率相当大,她只是这个大趋势中的一个个例而已。目前,有一些办法可以减缓并稳定病情的发展。如果在现行的可用治疗中她能够受益的话,那么她的预期寿命在两到三年左右,而我会尽自己所能帮她延长时间。每说明一点,我都会舌头打结,但还是继续说了下去,因为我尊重她想了解真相的需求,而且明白相互信任对于医患关系来说有多么重要。

莎莉和约翰静静地听着这个消息。我以为她会哭泣、抗议,或者最终会发泄她的愤怒,然而恰恰相反,她只说了句:"好吧,那么我接下来该怎么办?"尽管医生们希望自己的工作能够轻松点,但她冷静的反应还是令我大为震惊。很少有患者会这样,尤其是那些年轻有家庭、肩上负担重的人。

我的第一反应是，我想知道她是否对自己处境的严重性有误解，或者隐瞒了自己的真实情感，但似乎这两者都不是。比她年龄大两倍的患者患上了比她轻的疾病还会惊慌失措呢，不过在我的第一印象里，莎莉的确是一位冷静沉着的女性。因为我们的年龄差不多，所以我对她的处境特别关心。在我看来，癌症意味着一个母亲最害怕的噩梦变成了现实。

好消息很快就来临了。莎莉最初治疗的反应很好，使我们大家都感到振奋。我孩子气地希望这种情况能永远持续下去，然而经验告诉我，这是不可能的。

当思考到最佳护理意味着什么时，医生们总被教导问自己一个关于病人的"惊讶问题"：如果病人在接下来的十二个月之内死去，那么我会感到惊讶吗？在预测病人的生命期限方面，答案是非常准确的。虽然每个病人都是独一无二的，而且每个医生对同一种事实也会有不同的看法，但这个问题能鼓励医生们去思考：在预后不良的情况下，哪一些疗法仍然能够起到帮助病人的作用。当我把这个"惊讶问题"应用到莎莉身上时，我的心情十分沉重，我感到希望渺茫，尽管我希望的答案是会惊讶，但其实是不会惊讶。能够让她情况变差的潜在因素实在太多了。

莎莉平安无事地度过第一年之后，我们都松了一口气。她开始了一种新的生活方式，做什么都能视身体感觉来定。

谢天谢地，大部分时间莎莉都感觉不错。为了适应学校的假期，她偶尔会休息一下，还能和约翰一起操持这一个大家庭里的大小事宜。她原本一直在考虑回去工作，但是后来由于生病就放弃了。不过她并没有对此感到懊悔，而是把它看作一个机会，能够有更多的时间来陪伴孩子们。令他们非常高兴的是，她担任了学校图书馆助理，在学校食堂里还成了一个显眼的人物呢。在学校里，大家总是围在她身边，一时间，莎莉的生活呈现出一片欣欣向荣的正常景象。

我一直深为她这种正常的生活状态着迷，因为它虽然自然真实，但无疑是经过了一番努力才能达到的。在许多人通常会感到消沉的时候，莎莉却能够集中精力向积极的方向努力。然而这并不是她在抗拒死亡，事实上恰恰相反，莎莉对她的命运有一种超乎寻常的接受感，而且确切地知道自己想要过怎样的生活。

从第二年的下半年起，莎莉的情况开始变得非常糟糕。化疗不管用了，越来越多的副作用导致她进了好几次医院。药物和抗生素虽然控制住了她的病情，但代价是她感到很疲惫，整日昏昏欲睡。她没有隐瞒自己的不适，但却依然很镇定。一天，在度过了一个充满波折的夜晚之后，我站在莎莉的床边，认识到她真的是一位内心勇敢的人。我知道,在接受了自己即将死去的事实的同时,莎莉了解到了一个伟大的真谛,那就是:她经历的事情,并不能决定她是一个怎样的人。虽然得癌症确实是一件让人难以接受的事,但她还是满怀自信地接受了它。

这使我想起她早些时候曾说的,无论她的处境如何,都不会改变她内心的信念和为人处事的原则。因此,她仍然和蔼可亲,而且在某种程度上,周遭的人因她的态度而表现出的善意也让她能够忍受更多的痛苦。

有一天,我意识到这些引起了自己更多的悲伤,于是衷心地说:"莎莉,看到你经历的这一切,我真的很难过。我真希望能够为你做点什么。"

她的反应让我冷静了下来。

"但我们都会死去,"她平淡地说,"我想我的这个时刻只是比别人的来得早了一点而已,再说你也没有办法呀。"

我不仅没有安慰到她,最后反而成了那个被安慰的人。莎莉的行为给了许多人动力,激励我们获得和她一样的勇气,不因自己的命运而感到苦恼。

在我看来,莎莉一直是他们婚姻的动力源泉,所以我也很好奇约翰是如何应对这一切的。因为我所看到的,总是他勇敢但近乎无言的支持。

"她赋予了我们大家力量。"约翰用颤抖的声音说道。然后他继续向我解释了家庭成员们是如何从莎莉那里获得鼓舞的。她告诉她的手足们，悲伤于事无补，不如帮她做点事情。这些差事包括驾车穿越城镇为母亲取一个陶瓷花瓶，为她女儿订购一些漂亮的衣服。她的兄弟姐妹们对其中的一些事情并不感兴趣，但是却很乐意在为莎莉制造回忆方面尽一份力。莎莉常常会和一些年轻的父母谈论他们需要在孩子的生命中扮演什么样的角色。而且她还不断地向约翰强调，说他拥有独立成为一名好父亲所需的一切品质。莎莉还告诉了她的孩子们自己即将离世的事实，但她相信，就算没有她，他们也会茁壮成长的。因为莎莉接受了自己命不久矣的事实，所以没有什么话题是不可谈论的。

她的生活方式，强调了一个事实：一个人的死去，会对其他人的生活造成极大的影响。莎莉从一开始就知道，自己会比预期的时间更早地死去。因为接受了这一点，所以她通过持续的行动来帮助他人，令其在漫长的人生中能够过上有意义的生活。她的态度感染了全家，我真想知道我们中有几个人能够完成这项壮举。我觉得这是一种了不起的品质，非常值得我们关注。

在她最后的几周里，莎莉和孩子们一起度过了最后的假期，还去了他们最喜欢的海滩。让我感到非常沮丧的是，她到了那里还是住院了，不过好在没有什么能影响到她的精神。很多人可能会提及他们返程时所遇到的困难，然而莎莉则选择谈论他们享受到的快乐。

假期过后，她需要服用更强效的药物来缓解剧烈的疼痛。当她感觉虚弱的时候，总会坐在窗边她最喜欢的扶手椅上。如果孩子们愿意陪她，那么她会鼓励他们放学后待在家里，但也会告诉他们，这种时候，学校也许是一个可以分散注意力的好地方。在最后的几天里，她已经安排好了入院接受临终关怀，家人在这里为她守夜。最终，在确诊患癌十六个月后，她在家人的陪伴下平静地去世了。

我怀着沉重的心情参加了莎莉的葬礼。在葬礼上，我在到场的许多亲人中见到了莎莉九十岁的祖母，她为比自己孙女活得更久而哀叹不已。对于一个如此悲伤的场合来说，这场葬礼最不同寻常的特征就在于房间里的所有人都很平静。

莎莉公开谈论死亡，而且坦然接受这一切。在这场生命之旅中，她是整个家庭的支柱。正如悼词中所说的那样，她点醒了所有人，死亡是无处不在的，但亲人们有能力在失去她后仍好好地生活。我在葬礼上待得越久，就越明白莎莉默默做出的善举有多么伟大。

她曾坐下来和每个孩子诉说自己的悲伤,同时让他们对彼此和父亲充满信心。她给妹妹未出生的孩子留了些钱,对他们永远不会见面的事实表示遗憾。她给弟弟买了票,本来他们打算一起去看比赛的。她安慰父母,拜托他们照顾孙辈。莎莉甚至还安慰了祖母,因为她受到了不公的待遇,自己尚在人世,却眼睁睁地看着孙女离世。许多人衷心地向莎莉致敬,但她父亲的话最让我难以忘怀:"她让我们觉得,虽然她快要离开我们了,但也没什么大不了的。"

这是我所见过的对死亡最非凡的准备,我为结识了莎莉这样的病人而感到自豪。我几乎能听到她在对我说,我对她的责任已经尽到了,该集中精力治疗其他病人了。参加完她的葬礼后,我也仍有一种感觉:一切都会好起来的。

自莎莉离世以来,我失去了更多的病人。许多人在接受死亡的时候痛苦挣扎。这不仅导致了自己的恐慌,同时也让看护者们受到了精神上的折磨。当遇到这样的病人时,我常常会想起莎莉。她找到了一种在绝症期间也能好好地生活的办法。她既不会盲目地乐观,也不会陷入纯粹的虚无主义,而是一直泰然处之。她有一种强烈的感觉知道自己想要如何生活。这赋予了她勇气,让她在受够了的时候能大声说出来。很多人出于绝望，会求助于一些离奇、不现实或不安全的治疗方法，而莎莉对死亡的接受力帮助她避开了这种绝望感。作为一个如此年轻的病人，莎莉身上有着令人钦佩的泰然自若的态度。

如果知道自己短暂的生命能为他人提供关于死亡的经验和教训的话，那么莎莉也会感动的。她会说自己只是一个普通的女人，最大的愿望就是养育孩子，并且能常和他们一起野餐。她既不是圣人，也不是哲学家，在度假后得知自己得了疾病而被迫面对死亡之前，她从未深思过关于死亡的问题。但我觉得，莎莉有一些我们很多人都缺乏的能力——能够和命运融为一体，并努力改变自己能掌控的事。死亡是不可避免的，而且对她来说，它来得太早了，但她仍然可以在自己能力范围内过最好的生活。这是一种非常值得尊敬的态度，我将永远感激莎莉教给我的一切。

意义

> 人类存在的奥秘在于不仅要活下去，还要找到活下去的意义。
>
> ——费奥多尔·陀思妥耶夫斯基
>
> （Fyodor Dostoyevsky，俄国作家）

　　医学的最佳发现与医学本身的联系有时少得令人惊讶，它与生命之旅的关系反而更为默契。现代医学的飞速进步让这份默契变成了一种奢侈，但当它出现时，就会显得很特别。

　　查尔斯知道自己患有无法治愈的肺病。刚刚五十岁时，他就患上了晚期肺气肿，在家里必须依靠吸氧才能维持呼吸。我在做内科医生的那几个月里，一次查房时认识了查尔斯。

　　那是他当年第六次入院，这是个糟糕的征兆。而且这次还恰逢严冬，他感染了流行性感冒。查尔斯独自住在一所处于城里黄金地段的公寓中，公寓里面设备齐全。他是一个成功的商人，曾在国外待过几年，在一段恋情结束后又搬回了国内。他还是个孩子的时候，就偷过父亲的香烟，不过分手后他就完全洗心革面了，不光戒了烟，减了饮酒量，还开始定时地进行体育锻炼。所以，当查尔斯由于几次肺部感染而被诊断出患有严重的肺气肿时，他几乎无法相信。肺病专家也觉得在相当年轻的时候就患上这种疾病是很不寻常的。他把查尔斯送到了一位移植医生那里，然而对方警告查尔斯说肺移植是一种非常复杂的手术，大多数病人都是在等待捐献者出现的过程中死亡的。当遇见查尔斯的时候，我很清楚他已经错过了机会。但我发现，他仍然抱着换一个新肺的希望。

住院的第一周，他忙于治疗流感。后来身体内部的感染解决了，但是查尔斯的肺部已经遭受了严重的损害，使他喘不过气，甚至根本下不了床。他一直希望自己能及时好转，以便接下来进行移植手术。当我日常查房的时候，他提起了这件事。

查尔斯口齿伶俐，彬彬有礼，十分善于交谈。他含着笑意的眼睛让我觉得告诉他坏消息更难了。"请告诉我的移植医生我在这里吧，"他曾经建议道，"也许他那儿有一些好办法呢。"

"我们已经谈过了，"我向他保证，"不过除了等待你身体好转，他也没有别的建议了。"

他的失望之情一目了然。

一周后，查尔斯因卧床而使身体变得更加虚弱了。他需要一名护士来帮助他站立，而且因为无法呼吸，所以连一点温和的康复活动也不能进行。一天，当我看到他靠在护士身上小心翼翼地走进浴室时，便意识到查尔斯也许没有几个月可活了。

"你的病人回不了家了。"一位康复医生证实了我的担心。到目前为止，每个医生都期待着病人能慢慢好起来，最终康复。

如果没有人把最严峻的事实摆上台面说开的话，那么像查尔斯这样的病人，很可能会一直在医院里躺下去。我和其他人都知道，我们需要跟他谈谈有关死亡的话题了，然而他的想法却大相径庭，仍然执着于肺移植。

我想知道他的家人是否能帮上忙，却发现他没有几个朋友，唯一的妹妹也很少前来探望。从他的举止来看，我非常怀疑他是否明白自己患上了不治之症。事实上，尽管他已经卧床数周，却甚至都不知道这种病的严重性。

有一天，当他半躺在床上时，我在他身边坐了下来。

"查尔斯，我知道你在等待病情好转，但恐怕你的肺已经非常虚弱了。"

"我知道。我只希望他们能快点给我移植。"

"我想那个机会已经错过了。"

他的眼睛睁大了。

"你真的这么认为吗，医生？"

"是的。"

但还没等我继续说下去，他就精神恍惚起来。这让我怀疑大脑缺氧正在影响着他的认知能力。

第二天，我又在他身边坐了下来。这一次，他插着氧气管，正在摆弄床头柜上放着的一些小塑料片。

"那是什么呀？"我好奇地问道。

"我的爱好是建造微型的城市景观。所以我妹妹就带了这些过来。"

我弯下腰欣赏他那工整细致的作品。这是我第一次看到他认真地从事一项工作。

显然，他因为我感兴趣而十分高兴，所以我对于接下来打算换个话题觉得有些不好意思。他告诉我他仍然感到虚弱。

"查尔斯，我也不知道你是否会好起来。有些事情我们需要提前计划一下。"

查尔斯没有像往常那样轻快地回答说他很快就会站起来，而是第一次露出一种忧郁的神情。

"你觉得我快死了吗？"他终于问出口。这让我大吃一惊。

"是的。"我充满遗憾地回答，但同时也松了一口气，因为我们终于走到这一步了。

"可是我的生活还没过完，"他抗议道，"我脑子里还有很多想法等着实现呢。"

他的哀叹让我感同身受，因为我自己的脑袋里不断地涌现出各种想法，我也总是以为自己以后会有时间实现这些想法。

他继续苦笑着说道："我觉得人得到了八九十岁才会去考虑生命的意义呢。我才五十岁而已。"

我不知道该说些什么才好，所以只是静静地聆听着。他清楚地意识到了自己即将离世这件事，而且我发现，仅仅是让他的思想展现出来，他就因此到达了一个在起初看来难以企及的精神境界。查尔斯承认自己的时间不多了，并表示如果没有更有用的治疗方法，那么他打算出院去享受创造微型城市模型的乐趣。他让我们取消他的各种呼吸问诊的预约。

不久，社工帮他找到了一家疗养院，离他妹妹那儿很近。送查尔斯离开那天十分令人难过，因为他是我见过的最友善的病人之一。每天早上，他都像一位老友一样愉快地和我们医护人员打招呼。虽然我们不断地给他带来坏消息，但他从不吝啬自己的赞美之词，而且常和我们说，病人能够被我们照顾是多么幸运。对于那些常常为他的境遇感到不公，必须抑制自己感情的医护人员来说，他的话就像一剂良药。

当他和我们握手时，他说他会想念我们大家的，房间里每个人的眼睛都湿润了。

　　三个月后，查尔斯患上了另一种感染性疾病，在睡梦中去世了。他妹妹惊奇地发现，那段时间他变化很大。他不再幻想着好转，而是经常和亲友们保持联系，享受美酒美食，还写了一份慷慨的遗嘱，分配的财产人人有份。他把自己珍藏的微型收藏品送给了一个小男孩，因为这孩子过去到养老院探望自己的祖母时，总是偷偷地观察查尔斯下一个模型的雏形。他把一盏精美的阅读灯送给了一位曾经是难民的护士，她曾和他一起练习说英语。当他和妹妹追忆人生的时候，查尔斯总是告诉他的妹妹他是多么喜欢他们的长途汽车旅行。每个见过他的人都说，虽然他的健康状况一再恶化，但这样的善意举动却越来越频繁了。查尔斯原本就心怀善念，而对死亡的接受让这些善念变得更加明显了。

　　他妹妹热切地谈到，她那成功而又有野心的哥哥曾经为寻找生命的意义而苦恼过。这使我想起他在医院里的哀叹，不过她认为，他正是在这上百件体贴他人的微小善行中找到了答案。这又让我想到了拉尔夫·沃尔多·爱默生（Ralph Waldo Emerson）的一句话：“人生的目的在于生而有用、生而光荣、富有同情心，过好你的人生并让你生活得更好。”

　　我们的交流让我产生了好奇，到底我们每个人会如何寻找生命的意义呢？我自己是会慢慢地努力去创造，还是会提前准备好一切，等待一个契机才展开呢？我们会在何时、以何种方式找到生命的意义？这意义又会是怎样的呢？谁又会去思考生命的意义呢？

"意义"似乎是一个高深的概念，比起普通人，似乎更适合那些知识分子，或者那些有闲暇时间凝视海洋、思考生活点滴的人。大部分时候，我们只需要处理好我们的日常需求就足够了，如购买日用品、支付账单、找托儿所和就业等。思考我们生命中更深层次的意义，也许会让一些人觉得有点放纵，而且我怀疑我们大多数人甚至都不知道该从哪里开始。但事实上，探索生命的意义并不是智力上的锻炼，它完全具有实用价值。它能辨明我们的价值、动机，以及我们内心深处的东西，而这正是安然死亡的关键所在。

我是从多年的工作经历中学到这一点的。我一直在一家城区医院工作，遇到的病人有相当多属于社会弱势群体，包括穷人和难民。我的病人并非学者、知识分子或哲学家，许多人都没受过正规的教育。有些人在身患重病之前，一生都承受着无法形容的沉重压力。但若论及对生命的目的和意义的探寻，似乎与地位、收入或年龄并没有多大关系。那些表现出色的人，通常能够适应命运的变幻莫测，专注于自己的事情。观察他们是如何在困境中保持冷静的，对于我们非常有益，能让我们知道什么才是最重要的事。

我曾经诊治过一个病人——玛雅。她通情达理、容易沟通，让每个医生都很放心。在经历了一次严重的心脏病发作之后，她就一直住院。当被问起是否要接受心脏复苏治疗时，她回答道："我的一生中已经经历了很多。如果你们觉得自己能够帮到我，那么请尽其所能；如果你们觉得我将死去，那么我也已经做好了准备。"虽然玛雅没怎么上过学，但却把健康生活和毫无生活质量的生存区分得清清楚楚。这是十分明智的。躲避了战争之后，她就一直在一家工厂的生产线上工作，并在那儿认识了她的丈夫。她把生命的全部意义浓缩成了一个词——家庭。玛雅告诉我，自己养育的四个孩子共取得了七个学位，这让她很自豪。或许生活曾嘲笑过她错失良机，但她选择了简单快乐地生活。她很遗憾未曾有机会通过学习来证明自己，但却从孩子和孙辈的成就中获得了切实的快乐。"我想要永远活下去，去享受生命，但既然知道自己的使命已经完成了，我愿意离去。"得知玛雅心满意足，我们也感到欣慰。

玛雅在不需要心脏复苏的情况下存活了下来，但她的心脏功能并没有得到恢复。过了几个月后，她的情况开始恶化，生命危在旦夕。所以，当接到一名社区护士打来的电话时，我确信玛雅已经准备好了。护士注射了吗啡，于是玛雅安然离世了。虽然她的去世令人伤心，但每个人都知道，正如她自己多次说过的那样，她活得很开心、死得很幸福。这让大家都感到宽慰。

　　另一位令我难忘的病人——休，则对于生命的意义进行了一番独特的探索。休出身于一个显贵的家庭，当我在临终安养院遇到他时，他告诉我他的祖父和父亲都是杰出的法官，他们曾就重大的司法问题撰写过许多广为流传的文章。休自己也是一名法官。当他刚刚开始撰写关于这两位他生命中的传奇人物的回忆录时还不到五十岁，没想到却得了病。他知道自己时日不多了，但他想把这本书写完，用以向家庭致敬，并把它当作礼物送给孩子们。作为一名作家，我对此很感兴趣，因为以前从未见过一个濒死之人居然会争分夺秒地去写书。在保持毅力和信守承诺方面，我学到了非凡的一课。休每天很早就醒来了，用攒下的力气打手稿。在他没法打字的日子里，就由他口述，家庭成员们轮番打字。有时我会好奇，他的妻子和孩子们是否对他的专注感到不满，但我发现这本书的写作已经成了他们全家共同的任务。它给了他们力量，把大家凝聚在一起。这既是他们表达悲哀的方式，也是他们用来庆祝的方式。他的房间里总是回荡着笑声，摆满了字典和参考资料。对于这个家庭来说，理解命运或许实在过于困难，但他们通过写作找到了生命的意义。

最后，休通过努力写出了一本完整的初稿，家人们将它装订得十分精美。这本书就放在他的床边，休告诉我，每当他因为即将死去而感到悲伤时，就会想到它就是自己的遗产。休的离去永远伴随着他和家人们的非凡成就所带来的胜利感。

所有安然逝去的人们都有一个共同的特点，那就是拥有在大大小小的生活诸事中寻找生命意义的能力。在现今社会，临终时期接受治疗是很常见的，但我发现大多数眼光敏锐的病人都不会将全部希望倾注在生存这个结果上，而是会有意地关注生活的质量，即使这意味着会让一些意见不同的人感到不安。他们没有抱怨自己的命运，而是决心过好自己接下来的人生。他们的幸福也许来自一段长久的婚姻、健康的孩子、几个亲密的朋友、一个生机勃勃的蜂巢、一座欣欣向荣的花园，或是一位晚年的伴侣。哪里充满了感激之情，生命的意义就会在哪里茁壮成长起来。

这并不是说他们的生活中没有过失或者悲剧，但正是因为这些事，他们才得以对自己或世界有所了解。有一位我十分喜爱的病人最近要求我停止对她的治疗。自从离婚后，她和孩子们就变得特别亲密，她决心去参加儿子的婚礼。放弃治疗让她省出了足够的精力，让她能够坐在前排参加儿子的结婚仪式且好好地放纵地享受一下。然而没过二十四个小时，她就陷入了昏迷状态，被送往了医院。急诊医生无法相信她居然熬过了婚礼，但我并不感到惊讶。她知道什么才是最重要的，而且为此做了万全的准备。因此，她给儿子送去了最棒的结婚礼物——她出席了婚礼。

通过许多病人的眼睛，我发现能够赋予我们生命意义的事物不一定是公开的、流行的或是令人印象深刻的。确实，它们应该足以安慰我们自己和我们所爱的人，让我们觉得自己的生命是有价值的。坚持探寻生命的意义并不能让我们消除所有的遗憾，但却能缓解我们的痛苦。这就是我们应当尽早地开始思考，对于自己来说，什么才是有意义的生活的缘由。

宽恕

家，是你爱得最深沉，又让你的行为最放肆的地方。

——马乔里·佩伊·欣克利

〔Marjorie Pay Hinckley，前摩门教教会主席

戈登·B. 欣克利（Gordon B. Hinckley）之妻〕

"她一直胃疼，而且日渐消瘦，所以医生让她去做个扫描。"我的朋友莉拉说道。她是一位艺术家，平时和她打交道的大多是一些才华横溢的人。她不太了解医学领域，因此并没有意识到她的话让我打了个冷战。过去我们一起上学，我看见莉拉的母亲总是抽烟，她简直把香烟当成了食物。

莉拉的母亲有过一段婚外情，导致原本平淡的婚姻关系破裂了。于是，她的父亲搬了出去，并和一个远房表妹相爱了，而这种事情在社会上是令人唾弃的。因此，她父母后来的关系变得十分紧张、反复无常，不但没有随着时间的流逝而缓和，反而变得更糟糕了。出于自我保护的目的，莉拉悄悄地疏远了父母，出国待了几年，可是一回到家见到的就是永无休止的家庭战争。她被周围邻居轻蔑的眼光吓了一跳，常常为家庭的不完整而懊恼不已。尽管

如此，莉拉还是努力与父母双方都保持着联系，因为在产下了一对双胞胎之后，她愈加重视亲情了。可悲的是，她的原生家庭关系从来没有达到过她所追求的那种和谐的状态。莉拉最常联系的家人是她的弟弟，他和自己的小家庭住在另外一个城市。

在这种压力重重的背景下，莉拉的母亲被诊断出患有晚期癌症，我沮丧地等待着接下来会发生什么。这个消息对每个人都有一定程度的影响。她的母亲很乐观，她和弟弟感到很震惊，而她父亲则没有流露出一丝情绪。

莉拉带着母亲去看了肿瘤医师，这位医生既有同情心，又很诚恳。他告诉她们，他将尽力进行治疗，但生存的机会很渺茫。莉拉的母亲询问了自己的预后情况，当得知自己只剩下六到九个月的时间时，她很吃惊。出于一种想要战胜困难的热情，莉拉的母亲开始化疗。在她身上最显著的变化是对待生活的态度发生了改变：她开始安排自己的后事了。

本来，莉拉以为这些只包括还清债务和写遗嘱等事宜，因此当母亲一再表示希望看到全家人团聚时，她感到非常惊讶。于是莉拉决定等一等，看看母亲是否会改变想法，结果想法没变，于是她在自己家安排了一次家庭午餐聚会。

时隔多年，莉拉的父母又见面了，这也是她母亲第一次见到前夫的新伴侣。一想到可能发生的灾难，我就感到害怕。仿佛知道了我的想法，莉拉给我打来了电话。

"场面很不错，"她告诉我说，"每个人都表现得很得体，大家都真心地关心和同情母亲。"

这个家庭如此复杂，让我觉得很吸引人。我问了她父亲的情况，她告诉我他一直保持沉默，因为他感觉很糟糕。他主动提出要带她母亲去看医生，而母亲说自己会考虑的。莉拉补充说，母亲在人前一直很勇敢，但当大家离开后，她紧紧地抓住了莉拉，突然哭了起来。她母亲一向是精力充沛、争强好胜的，其另一面真的很少见。后来，莉拉的父亲打电话给她，承认是自己的离去加剧了前妻的烟瘾。这时莉拉的弟弟还在处理各种事情，担心没有足够的时间让父母达成有成果的和解。

对于这场情绪风暴给莉拉带来的影响，我是十分同情的。她毕竟还没有做好准备去应对这样一种复杂的局面。令人难过的是，她母亲在确诊后仅仅活了六个月，但就在这几个月里，我有幸见识到了：人们完全有能力治愈内心的创伤。

家庭里的琐事一定是乱糟糟的一片。患上不治之症的压力能让人们释放出最坏的一面，然而，这个家庭决心要让最后几个月富有意义。

莉拉的父亲主动为自己给前妻造成的伤害道歉。他的前妻不仅倾听了，还承认了自己的过错并表示自责。这也对局面有所帮助。他的第二任妻子虽然基本不参与他们的家庭讨论，但却始终彬彬有礼。她既没有表现得过度友善，也没有漠不关心，而是谨慎地鼓励丈夫做他需要做的事。

莉拉申请了灵活的工作时间安排，并陪母亲去做每一次的检查。她弟弟的工作时间比较固定，他很难挤出时间陪伴母亲，但一直支持着莉拉。他们的母亲原本是一个刻薄的女人，现在逐渐褪去了坚强的外壳。在这件事上，弟弟成了莉拉的知己，时不时和她讨论母亲的变化。他们的谈话流露出强烈的感情和遗憾，而这些正是从前他们一直努力想要理解的。莉拉不止一次地叹气说，失去"原来那个母亲"反而会更容易。

我那时只见了莉拉的母亲一两次，向她保证她的医生的医术非常精湛。她告诉我她很担心自己接下来的状况，但是有家人在身旁，她感到很有安全感。她还说，自己不值得他们的陪伴。不过，看到家人的支持能让她更坚强，还是很令人欣慰的。

从和莉拉的谈话中，我还了解到，在这个家庭新建起的平衡之下，隐藏着极其强烈的情绪风暴。当莉拉成熟了，有能力把过去抛开时，她感到自己受到了欺骗，于是很少回来看望母亲。她的弟弟也受到了伤害，所以宁愿让自己将来的孩子不认他们的祖母。正因为对父母已经绝望了，所以他们俩才得以缓解自己的失望之情。这种情况自然不会使人产生同情的情绪，但显而易见的是，它能让人得以宣泄。这家人把宽恕放在首位的态度，令我印象深刻。这个话题也频繁出现在我那些没有这么复杂的矛盾的临终病人及其家人之间。骄傲是我们性格的一个重要组成部分，但当我们让骄傲支配自己的时候，就不能为自己及我们所珍视的人做出正确的决定了。在这种情况下，过于自负会使我们无法做出弥补，无法理解不同的观点，也无法看到处在对立双方夹缝中的其他人。宽恕是一种高尚的品质，也许很难拥有，但却值得追求，因为它能带来丰厚的回报。

人们常说："建立信任需要多年，破坏信任只需一刻，而重建信任则需一生。"这句话对极了。莉拉的母亲非常清楚，自己无法挽回曾经的错误，但只要亲切地接受家人的点滴善举，就都是在弥补过去。因此，虽然她过去会对例行的午餐聚会或晚安电话嗤之以鼻，但现在却欣然接受了。发自内心的懊悔给了她动力，让其得以在有限的时间里做出力所能及的改变。她做的最困难但又最有意义的事情是和孩子们坐下来，细数自己行为的方方面面对他们造成的伤害，并乞求他们的原谅。莉拉说，这是她母亲做出的最有力的补偿，也是最令人欣慰的回忆。

在莉拉的母亲去世之前的数周，莉拉和弟弟在家照顾她。这是他们在她被诊断出患病之初完全没有预见到的。虽然这几周无法弥补失去的时间，但仍然是有益的、令人难忘的。她和前夫的关系虽不亲密但却很友好。她承认了他受过的痛苦，也倾诉了自己的痛苦，并开诚布公地原谅了他。能听到她亲口说出这一点，对前夫来说，是人生中的一个转折点，为他们讨论对子孙后代的希望开辟了一条路。这真可谓是一座意义重大的人生里程碑。

我最后一次见到莉拉的母亲时，她看上去很疲惫，但我想，她原来喧嚣的生活已经变得平静多了。她实现了一些个人愿望，而且与人生中最重要的人——家人和解了。她的满足中带有一丝谦卑，似乎她在对自己的某些行为承担责任。

看到一条充满艰辛的道路通向了一个充满希望的未来，我备受鼓舞。在她的葬礼上有人为之悲伤，但也让人认识到，我们的生活可以因为宽恕与和解而变得更加丰富多彩。

看到对待他人的方式居然能决定我们是否能死得安然，让我大开眼界。死亡并不足以弥补一次失败的婚姻、一段紧张的关系或者一场破裂的恋情带来的伤害；如果紧张的关系未解决的话，就会引起持久的伤痛。莉拉一家的故事告诉我们，原谅自己、宽恕他人、修复关系的能力就存在于我们每个人的内心。当我们在生命的尽头为一段棘手的关系感到困惑时，或许可以努力提醒自己：想要治愈爱的创伤，还需找到系铃人。

平和的心境

平和的心境是对抗灾难的良药。

——普布里乌斯·西鲁斯

（Publilius Syrus，古罗马拉丁文格言作家）

在我所观察到的病人的所有优秀特质中，最吸引我的是平和的心境，尤其是一些身处困境中的病人展现出来的冷静和沉着。平和的心境之所以令我感兴趣，是因为我经常看到那些在生活的各个方面几乎都表现得很平静的人，在死亡面前也会表现得很平静。在医学的大肆宣传和生活的喧嚣中，我们希望拥有一种能力，它能让自己静下心来独处，这是我们所能拥有的较好的礼物。

临终前的病人偶尔会出现不受控的情绪和凌乱的想法，这种情况很常见，但如果它们持久不散，则既可能给病人带来麻烦，也可能给照看者增添负担。很多绝症患者的普遍担忧集中在一个特定的主题上，那就是：该如何避免死亡呢？反过来，它又在医生这里转化成了一个非常棘手的问题：医学能够做些什么才能阻止死亡呢？即使对于我们中已做好充分准备的人来说，面对死亡这个结局也并非一项普通的任务；而当我们是受环境所迫而面对它的时候，这项任务就更加艰巨了，因为大多数人都在抗拒死亡。

媒体铺天盖地发表的都是关于康复奇迹和医学突破的报道，而且它们将死亡描绘为最终的失败，我们都深受其影响。由于不知道该如何面对这个话题，我们会让孩子远离它，也避免与朋友去谈论它。也许人们都认为医生会在工作场合公开谈论死亡，但其实大多数时候也并非如此。我们在好奇中度过自己的一生，虽然知道人终有一死，却没有机会仔细思考自己的死亡。这在一定程度上是必要的，因为如果我们一直沉溺于谈论"死亡"这个话题，就无法在生活中取得显著的成就了。但如果全然不考虑"死亡"的话，那我们很可能会过上一种没有意义的生活。然而，由于我们自己本身不愿接受生命有限的事实，再加上药物不断研制、医疗干预措施不断升级，所以人们在死亡面前保持平和心境这件事上，现在比以往任何时候都变得更加困难。

如果医生的职责不仅仅是诊断病情和开处方，还包括帮助病人更好地生活和面对死亡的话，那么迄今为止我工作中颇具挑战性的一部分就是解决关于人类存在的难题：有些病人根本不接受自己会死亡这个事实。如果能克服对死亡的恐惧的话，那么这段时间他们会过得比较有意义；如果不能的话，那么这种不安的心情是很难缓解的。也许这就是我们很容易被那些对待死亡镇定自若，尤其是能泰然处之的病人所吸引的原因吧。在医生、护士，甚至在其他病人中间，他们都受到了尊敬。我想我们都希望自己能够和他们一样。

保罗在五十多岁时，被诊断出患有肺癌。这一诊断给他带来了很大的屈辱，以至于他努力地向我保证，自己终身都没碰过一支烟。我相信他，也看到了他眼中控诉的不公。

有时候，会有某个瞬间永远定格在我们的记忆里，我第一次见到保罗时就是如此。我还记得他的病房和他躺过的病床，以及他是如何因半侧身子疼痛而斜躺着靠向一边的。他是前天晚上入院的，本来以为疼痛是肾结石造成的，但很快扫描的结果就让他和他的妻子劳拉陷入了绝望。癌细胞已经星星点点地侵袭了他的脊椎——这种剧痛和结石没什么关系，而是由癌细胞骨转移造成的。但它们是从哪里来的呢？保罗不得不忍着疼痛又等待了一段时间，直到化验结果显示他患有晚期肺癌。

保罗身体健康强壮，而且正处在职业生涯的巅峰时期，因此他对诊断结果感到很震惊，认为一定是弄错了。

"我不抽烟。"他皱起眉头说。

"我知道，但一些不抽烟的人也会患肺癌。"我同情地回复道，觉得自己的解释空洞极了。

劳拉坐在保罗脚边狭窄的病床上，仔细地听着关于癌症的新知识。保罗的肿瘤数据显示他可以不化疗，而选择服用一种药物，这样做副作用更少一些。

"我会一字一句地遵守你的叮嘱的。"保罗这样保证。

"我们完全相信你，医生。"劳拉恳求道。

在二十四个小时之内，他们的世界就被颠覆了，但从表面来看，他们仍然很平静。

从那天起，虽然病情时好时坏，但保罗一直信守着诺言。他治疗后的反应很好，癌变组织缩小了，疼痛也减轻了。这令我们精神振奋。我热切地希望这种药物能帮助他渡过难关，直到有更好的药物问世。随着癌症医学以惊人的速度发展，新的有效的治疗方法也会不断地涌现出来，并定期公布。

在将近八个月的时间里，保罗的身体状况基本上都很好，并且已经可以做全职工作了。他偶尔会出现疼痛、恶心和失眠的症状，有时也会出现大量的皮疹，但从我认识他起，他从来没有抱怨过自己的命运。他不由地觉得自己的境况比很多人的都要好，并且从中得到了一定的安慰。

保罗是一位经验丰富的移民专家，他为能够帮助人们解决移民过程中的复杂问题而感到自豪。因为自己也是一名移民，所以他明白这个过程中涉及的多重压力和复杂情感，而且在这段旅程中，他对身边的人也关怀备至。他曾经告诉我，虽然我和他的工作不同，但人们也常会抱着希望来找他，所以满怀同情地对待他们是他的责任。他的同情心深深地打动了我，因此听到保罗在工作中如此受大家欢迎时，我丝毫不感到惊讶。

诊治那些深受家人和同事喜爱的病人，最困难的事情是随着对他们的了解逐渐深入，我对他们的幸福终将结束的事实也有了更深的感触。当保罗再次开始疼痛，抱怨自己感到虚弱的时候，我对病情发展进程的担忧也得到了证实。保罗一贯平静地告诉了我这个消息，并问我接下来该怎么办。

幸运的是，一种新的药物问世了，其功效似乎可以为病人带来希望。我想到，也许保罗的寿命能再延长一年或者更久。这可能听起来很悲观，但你必须明白，晚期肺癌患者的平均寿命是按月来计数的。

当另一位肿瘤医师惊叹于这种药是如何缓解他病人的疼痛时，我的热情倍增。我对现代医学佩服不已，连忙将关于这种药的信息告诉了保罗。

由于我一直对保罗很诚实，所以明确表示这种药不能治愈他，但很有希望能使他的病在几个月内得到控制。

"我相信你，"他简单地回答，"我知道你会尽力的。"

我余生都不会忘记他的话。

若非亲眼所见，我一定对此表示怀疑，但几乎一夜之间，保罗的痛苦就消失了，他感觉好多了。这种意外的结果带来的情感宣泄是难以形容的。

我永远不会忘记保罗的欣喜若狂和劳拉的如释重负。这也让我相信，保罗只要坚持服用这种药他的病情就一定会好转，以后情况会更好的。我鼓励他们制订他们一直搁置的计划。

可是随后的几周之内，情况急转直下，和药物开始发挥作用时一样突然。保罗来医院时感到虚弱和疲倦，他的病情在不断地恶化。包括我在内的所有医生绞尽脑汁，然而最终结果显而易见，新药不起作用了，保罗即将离世。在这段时间里，保罗和我每天都会聊天。他问了一些问题来加深对疾病的理解，可是对于发生在他身上的一切，他从来没有表现出任何挫败、愤怒或怀疑。那几天，我的头脑一片混乱，一度陷入绝望，想知道到底是哪里出了问题，但保罗的镇定既令人鼓舞又令人安心。

保罗住进临终关怀医院的时候，许多人都哭了。在一大家人和他忠诚的宠物狗的陪伴之下，他心甘情愿地去了另一个世界，并决定在那里走完人生的最后一段路。

听到他病情急速恶化的消息，我赶紧去探望了他。看到他变化那么大，我感到十分难受。他躺在床上动弹不得，然而看到我时，眼睛却亮了起来，和往常一样热情慷慨地和我打招呼。他把我介绍给家人，并感谢我的照顾。这听起来似乎很讽刺，因为我觉得正是我的诊治让他过早地倒下了。他去世的前一天，我惊讶地发现他头脑清醒且已经做好了迎接死神的准备。

"我已经投入主的怀抱了。"当我握着他那只瘦弱的手时，他轻轻地说道，"我这一生过得很好，你也已经尽了全力。"

也许许多人会觉得遗憾，但在这一刻，保罗让我从罪恶感中得到了解脱。

然而最令人惊讶的是，由于保罗的镇定，整个房间里都充满了平静。人们悄无声息地来来去去，丝毫不畏惧看到他，并说上一句告别的悄悄话。有人在哭，也有人在正常地交谈。他的狗静静地躺在地板上，仿佛也感觉到了这一刻的庄严肃穆。一位护士来检查他是否感觉舒服时，听到保罗称赞她的照顾，突然微笑起来。正如她敏锐地观察到的那样，很少能看到病人在自己安然离世的过程中起着如此巨大的作用。

保罗死后，我深深地感受到失去他的痛苦，并参加了他的葬礼以表达敬意。葬礼上人很多，教堂里挤满了哀悼者——爱他的人向来不少。我坐在后排，听着人们对他的回忆。从牧师到他的朋友，每个人都称赞保罗的慷慨精神。他们提到了保罗给予他人关爱与宽容的能力，但提得最多的是我也一直感受到的那种面对即将到来的死亡时，他始终保持镇定的本领。保罗没有否认他的困境，只是下决心不让自己受到它的影响。听到人们的谈话，我感到自己真的很幸运，认识保罗并从他身上学会了接受死亡的能力。我看到了他对别人的真诚关怀是怎样丰富他自己人生的最后一程的。实际上，人们本能地会向对方回馈比自己接收到的更多的爱。

劳拉告诉我，宗教信仰是保罗的精神支柱。这让我想到，在这个越来越世俗的世界里，这是一件多么不寻常的事啊！保罗是一个虔诚的信徒，虽然他从来没有宣扬过自己的宗教，但是很明显，他的平静正是来自他根深蒂固的信仰。我们都渴望达成目标，对保罗来说，宗教就是他目标的一部分。尽管也许我们正生活在一个一提到宗教就可能会引起某些人的尴尬的时代里，但我还是看到了一些宗教是如何塑造部分人的思想，并帮助他们培养出平和的心境的。当劳拉哀叹连那只狗也在怀念保罗的平静时，我的心感到了阵痛。

即便保罗选择了一种与平静完全不同的心态，那也是能被原谅的。那完全猝不及防的诊断结果及不成功的治疗，都完全可以成为他怨恨的来源。处在和保罗同样境况中的病人们，常常是刻薄古怪的。他们也许永远不能原谅来自自己身体、希望和未来的背叛。有时，我们自然流露出的同情也会无意中加重他们愤愤不平的情绪。保罗吸引了许多自称知道能够治愈他癌症的方法的"好心人"，这些他都能容忍下来。这是非常令人惊讶的。正是他与生俱来的平和心境告诉他，大家都是出于好心。

我制作了一个关于癌症造成的连锁反应的广播节目。在节目里，我有机会采访了劳拉和她的两个女儿。我很想知道，保罗是如何度过他生命的最后几个月的。我听说他找了所有能找到的家人和朋友，请求他们原谅自己过去的错误。可是很显然，没有人能做到这一点。这恰恰彰显了保罗的广阔胸襟。

因为答应过给女儿买第一辆车，于是他耐心地花了很长时间为她找了一辆既安全又漂亮的车。他还曾在数小时里，详尽地教劳拉怎样处理他的各种死亡文书，甚至还给她建立了一个详细的电子表格。他简要地说："要是我遭遇不测的话，这就是我想要你做的事情。"

从全家人的谈话来看，保罗的生活充满了有意义的事情，完全没有给愤怒或遗憾以可乘之机。在我们谈话的时候，我也能感受到他们的平静，于是我不由自主地想到，一个人对于整个家庭的面貌居然会有如此大的影响。

　　保罗的去世仿佛让我的心里都空了一块。医生必须继续照料其他的病人，而保罗的行为对我影响很大。

　　印度神话中常被引用的作品之一——《薄伽梵歌》，是以阿朱那（Arjuna）王子和他的导师奎师那（Krishna）大神在战场上的对话为基础写成的。阿朱那是一位了不起的武士，当他检阅严阵以待的军队时，一想到自己马上就要损兵折将，不禁被悲伤和忧心的情绪压垮了。奎师那这样安慰他道："无论思想在何处徘徊，只要它游荡在外，就会一直不安地找寻着满足感。因此，必须引导它进入你的内心。让它在真正的自我中安歇下来吧。"

　　自古以来，人类一直被鼓励着去努力寻求内心的平静。保罗的这种让心灵在自我中安歇的杰出本领包含了我们所有人的智慧。

善良

> 所谓善良，有一点就在于给别人的爱要比他们应得的多一些。
>
> ——约瑟夫·儒贝尔
>
> （Joseph Joubert，法国诗人、哲学家）

医生所面临的困难的问题之一，不是选择进行什么样的治疗，而是如何处理那些能够迅速破坏人们幸福的事情，尤其是在病人的生命尽头。即使是在最富裕的社会中，这些问题也往往与食物、住房、金钱和各界的支援有关。医院可以帮助病人一时，但若要解决根本问题，就远远超出了它的能力范围。

照顾那些遭受贫穷、暴力或冷漠折磨，然后又陷入官僚主义所造成的困境的病人，实为一大挑战。其实这个现象无须解释得那么复杂，我遇到过很多病人，他们原本过着非常平淡的生活，但当患上一种重病时，生活的窘境就完全暴露了出来，让他们感到无比脆弱和孤独。

当这些问题发生在病人即将走向生命的尽头的时候，就更有必要尽快将其解决了。在这种情况下，善意也许会产生于最意想不到的地方，不仅能减轻医生和病人的负担，而且还可以为其他人创造出美好的回忆。

　　莎拉是一名二十六岁的学生，也是一位兼职保姆。我在医院里遇到她时，她已经与一种罕见的神经系统疾病抗争一年了，针对这一疾病的缘由，专家们都很难查明原因。在两个月的住院时间里，我发现她的认知能力和体能水平都在下降。她的体重在不断地减轻，她经常昏昏欲睡，有时还会感到迷糊。而且在生命的基本活动，如进食和淋浴方面，她也越来越需要别人的帮助了。很明显，她的预后情况很差，而且她不可能康复了。

　　在一次查房时，莎拉告诉我，她从一开始就隐约地意识到自己患上了一种能够危及生命的疾病，并表示希望回家，在熟悉的环境中度过余生。她想念她的小狗，还有她在小公寓的一个盒子里种下的小花园。莎拉在医院待了很长时间，但这对病情并没有多大地改善，我对此感到很难过。我很高兴，在社区姑息性治疗小组的帮助下我们终于有希望送她回家了。可惜我们的计划一开始就遇到了问题：莎拉再也付不起房租了。就算她能付得起，她位于高层的公寓也不适合病人出入。莎拉是个移民，家人生活在她的祖国。她也考虑过回到那儿，但她的祖国和世界上大部分地区一样，缺少吗啡、医疗氧和其他姑息性护理的必需品。她的姑息性护理需求太复杂了，在那里根本无法得到满足。如果想要出院，莎拉就需要一个住所和一位护理人员，然而，即便是设备最齐全的医院也难以满足莎拉所需的治疗条件。

在这些严峻的挑战面前，莎拉最让我印象深刻的表现是她对于那些帮助她的人表现出的善意。她接受了自己患病的事实，但非常担心那些长时间轮班的工作人员，尤其是当她发现他们忙得三餐不定的时候。遇到这种情况，她会建议他们先照顾好自己，说自己可以等一会儿再看病。虽然工作人员仍然把她的需要放在第一位，但他们无不被她的态度感动。我不禁注意到，莎拉甚至对那些比她年长但身体更健康的病人也很好。在病情恶化之前，她总会为临床的老年病人大声地读报。莎拉的好意使我们的心也变得柔软起来。当人们看到我们最好的品质时，我们会努力让自己更配得上它。

我知道，只要她还在住院，就不会缺乏真挚的关心。尽管如此，她还是想要回家的。

社会工作者们正在各处寻找帮助，正当一位成员已经开始计划让莎拉入住自己家时，莎拉的前雇主艾娜给我们打了电话。艾娜是一位年轻的学者，在她撰写论文期间，曾经雇用莎拉照顾自己的儿子。她从一位共同的朋友那里听说了莎拉患病的消息，并内疚地质问自己是否注意到了莎拉患病的征兆。我向她保证，莎拉的病情是突然恶化的。当她对莎拉长期住院一事表示担心时，我提到了莎拉的窘境。

"莎拉无家可回。"我解释道，"社会工作者们正在找寻各种可能性，但一切都需要时间。你来探望莎拉，或许可以对她有所帮助。"

"我想多帮她一些。"艾娜回答道。

几个小时后，她打电话给社会工作者，说她和丈夫愿意照顾莎拉。一对有孩子的年轻夫妇，要照顾一位不比他们大多少的临终病人，那位社会工作者对此很是怀疑。但是艾娜解释说，在他们需要帮助的时候，莎拉帮了他们很多，所以她觉得照顾莎拉是他们应该做的。

"她也曾同样帮助了我们呀！"艾娜这样说道。

我被她的态度感动了，也很为莎拉高兴，但还是谨慎地告诉她，我们得考虑一些相关事宜，而且当然还需要莎拉的同意。

社会工作者和姑息性治疗小组成员认为这个办法是可行的。至于莎拉，原本可能要在医院里住下去，现在则不用了，这让她欣喜若狂。几天后，莎拉离开了医院。前去探望她的护士们告诉我，她们没怎么见过比这对夫妇更善良的人，他们竟然愿意承担起照顾临终病人的重任。

虽然我再也不会见到莎拉了，但一直关注着她的病情。艾娜和丈夫信守诺言，确保莎拉拥有所需的一切，连她的宠物狗也陪在她身边。他们还从另一对学者夫妇那里得到了帮助。由于莎拉大部分时间都是在床上度过的，所以这几位学者都是在家工作，以便能够陪伴着她。

我听说，艾娜和丈夫还做了一件了不起的事，那就是向他们年幼的儿子解释了全部情况，并教会他处理一些事务。于是，小家伙能够信心满满地做些简单却重要的任务，如往莎拉的水壶里倒水，帮她铺床，等等。

有一天，艾娜打电话告诉我，虽然莎拉从来没有提起过，但很显然，她很渴望见见自己的父母。

"他们每天都在通电话，不过你觉得还有时间让他们坐飞机到这里来吗？"

我很惊讶，因为我认为莎拉的时间不多了，而且安排相关事宜也很困难。不过，我还是给移民局写了一封信，艾娜的朋友们也组织了一次募捐活动，筹集了足够的资金供莎拉的父母坐飞机来看望她。

莎拉受到的关怀让每位参与者都满意极了。这件事证明，大家普遍认为世界自私又冷漠这个想法是完全错误的。不过，我受到的启发还远远不止这些。

　　艾娜的房子刚好能容纳莎拉，而莎拉的父母的住处还没有着落。这时，艾娜的老街坊站了出来，主动提出要把莎拉和她的父母接到自己的一所大部分时间空闲的大房子里。她说得知了莎拉的困难后，想要提供帮助。

　　恐怕再也无法谱写出比这更美好的故事了吧。而且，邻居的举动给"陌生人的善意"赋予了新的含义。

　　志愿者们继续照顾莎拉，因为她的行动已经变得不太灵活了，而且他们还需要倾听莎拉父母的回忆，并安慰老两口。志愿者们还学会了如何给莎拉服药，以及什么时候找医生寻求帮助。渐渐地，志愿者们成长了起来，也变得更加可靠了，但他们却从未把好意变成负担，让莎拉和她的父母感到压力，护士们对此称赞不已。"就好像他们生来就会这样做一样。"一位护士这样赞叹道。

　　莎拉常常公开感谢所有照顾她的人，对此我一点也不惊讶。她在医院时的焦躁不安已经被舒适安逸所取代了。虽然她避免谈论"死亡"的话题，但接受了自己日渐衰弱的事实，并流露出一种平静的自信，认为她周遭的人都值得信赖。一位护士感叹道："莎拉虽然年轻，但懂得如何体贴他人，知道感谢帮助自己的人的重要性。她能一眼看出谁累了，会问候他们的孩子，让大家知道自己有多么感激他们做出的牺牲。对于照看者而言，能够收到患者的感激已经足够了。"

在最后的日子里，莎拉去了一个临终关怀中心，并在那里安详地去世了。年轻的志愿者们对她的去世表现得很平静，为能够和大家一起用一种自己之前从未想过的方式帮助他人而感到自豪。他们谦虚地说，这对于自己来说是一次能够改变生命的经历，会让他们更加珍惜自己的好运气。

我时常想起莎拉和艾娜，以及她们以非凡的善良对待他人的方式。她们的所作所为就像是一堂课，告诉我们，即使是在受环境所限的情况下，我们也依然能够行善。

我们常常会面临死亡和照顾临终病人的难题。在这两种情况下，善待他人总可以成为我们解决困境的良药。事实上，再没有比这更具颠覆性的事情了。我的病人们在面对自己的生死大事时还能对我表现出善良和体贴，这种能力常常使我大为折服。他们会写一张友好的便签问候我的孩子，或者和我分享一些他们收到的慰问品。他们的好意激励着我成为一个更优秀的医生、一个更善良的人。好心人总会问我，怎样才能最好地帮助临终的病人呢？其实答案很简单：陪伴他们、善待他们。我的病人们总希望有人大声给自己朗读、帮助自己写信，或者记录遗嘱。我遇到的绝大多数病人都会因为有人静静坐在一旁而感到高兴。对他们来说，这种举动最能够缓解孤单地走向死亡这一事实带来的痛苦。善良无须高声宣扬，亦非重如泰山，人们若想做到善良，只需要提供一点点慰藉就足够了。

　　我们常常会低估点滴善行的力量，但在谈论如何行善的时候，最好参考一下奥斯卡·王尔德（Oscar Wilde）的话，那就是："最微小的善举，胜过最伟大的意图。"

感恩

如果你的一生中唯一说过的祈祷是"谢谢",那就已经足够。

——梅斯特·埃克哈特

（Meister Eckhart,德国哲学家）

作为一名医生,我对自己的工作充满热情,但有时会觉得,这份职业也可以引用诗人叶芝的一句话来形容:"它充满了你不能理解的悲愁。"我的许多病人都上了年纪、病弱又无助,他们的孩子也患有疾病,且十分忙碌,又或是无能为力。就连身患绝症的年轻患者,也常常会被自己原本拥有的社会和人际关系所抛弃。人们不禁会为濒死者所面临的身体、情感,以及关于人类存在的问题而担忧。但若不提及那些能让自己优雅、沉着地面对死亡并对他人满怀感激（这一点最为重要）的人的话,医学的故事就将会是不完整的。在我看来,这也是作为一名医生能体会到的最大的益处。

虽然人们可能会认为,在这样一个及时行乐的时代,这种事情是非常不寻常的,但还是有一些人从不抱怨自己的命运。他们不会轻视自己的处境,会问一些深入的问题甚至质疑医生的诊断,但不认为死亡一定得是戏剧性的或者复杂的。在这个生活常常失控的时代，毫无疑问，他们掌控着自己的人生。他们给我的印象是既有强大的复原力又很务实，但如果我必须选出他们最重要而无形的特质的话，那它一定会是"感恩"。

这些人在自己的一生中，列出了各种各样感恩的理由。当生命接近尾声时，他们的所有选择都会用同一种方式呈现出来。我那具有感恩的心的病人们，会让一切事情对于自己和照看者来说都变得更容易解决。一提起"感恩"这个话题，我就会想起另一位我十分喜爱的病人——伊恩。

那一天我很忙，所以伊恩一直在等待。我的许多病人都能清楚地记得他们第一次问诊的情形，而且我常常希望病人生命中最重要的问诊能够像钟表运转一样平淡地过去。比如，在此次问诊中，他们被诊断出患有某种疾病或收到了一份严重的检查结果。然而很不幸，这种情况鲜有发生，因为人类是有感情的。

伊恩前面的那位病人在环境的重压下突然情绪崩溃了，因此我没有办法按时结束会诊。等我让那位病人平静下来，找来一位护士给她丈夫打电话的时候，时间已经比原计划晚了许多。我记得自己陪着伊恩和他的家人从候诊室走进了就诊室，并就延误表达了歉意。

"前一位病人需要的时间长了一些。"我解释道。

"没关系，我想这里的每个人都需要更多的时间。"伊恩轻描淡写地回复道，我立刻被他的体贴打动了。

伊恩七十一岁，刚刚从面包师的工作岗位上退休。他开玩笑说，在从事了这个行业四十年之后，是时候看看人们为什么喜欢睡懒觉了。当他把衣钵传给孙儿的时候，这个小小的团体为他做了一番隆重的饯行。伊恩和妻子第一次度过了一个漫长的假期，回来时感觉有些不舒服。他对妻子自嘲说自己不适合退休，不过妻子坚持让他去检查一下身体。

到了房间里，我向伊恩解释说，外科医生已经熟练地切除了他的癌变组织，现在他需要一个疗程的化疗来降低复发的风险。诊断结果使他清醒，他告诉我说想尽一切可能保持健康，好继续自己的人生。

伊恩很快就以友好的行为出名了。他的护士评论说，他以前从事的顾客服务工作确实让他拥有了读懂人心的能力。他能看懂别人的身体语言，而且很随和，不会打扰别人。我觉得她的描述很贴切。

在诊所里他表现得谦逊有礼。他从未排斥过诸如频繁地验血和长时间地等待这种烦心事，也从来没有忘记过说"谢谢"。我最喜欢伊恩的一点是，他非常明白对于自己来说，什么是最重要的事情。他很早就告诉我，他很重视自己的独立性和生活质量，宁愿停止治疗也不愿活着遭受药物毒副作用带来的痛苦。

他会定期前来复诊，对于他的每一次复诊我都充满期待，希望会有一个好的结果。他通常和妻子一同前来，或者至少由五个孩子其中的一个陪着他。目睹了那么多病人独自一人，或者有人陪伴却没有可靠的扶持熬过人生中最艰难的时光，我开始羡慕起伊恩这亲密的一家人了。但我也明白，尽管他对别人敞开了心胸，但生活中有个部分是只属于他自己的。他对人们提供的意见很感兴趣，但每个人都知道最后做决定的应该是谁。在这个许多人被自己的处境所迫的时候，他的镇定尤其令人敬佩。

伊恩的癌症在治疗结束几个月后又复发了。这让我十分震惊。

我又一次领着伊恩和他的妻子沿着走廊走进了我的办公室，这次，他们的紧张显而易见。

正如他希望的那样，我直奔主题。当我解释复发意味着什么时，我的心都疼痛起来。我还与他讨论了治疗方案。这些治疗虽然可以延长他的生命，但却无法治愈他的疾病。伊恩一向热情洋溢的表情开始变得凝重起来。

"这些治疗都没有什么效果啊。"他平静地说。

"似乎是这样的，"我叹了口气说道，"对此我很抱歉。"

医生通常倾向于用新的承诺来填补严肃声明造成的空白。我当时在等待伊恩的反应，不知道他的心态最终是否会崩溃。我本该多给他一些信心的。

他最终开口说："我真无法想象，对你而言，说出这个消息有多么困难。"

一个刚刚遭到坏消息打击的人，还能有心情关心其他人的感受。这让我惊得哑口无言。伊恩的妻子也和我一样，对他钦佩不已。

护士们听到了有关伊恩的消息，也感到很沮丧。他们发现虽然他仍然很友善，但却变得更严肃了。在就诊之初，他总是盼着治疗结束的那一天。然而，现在这一天永远也不会到来了，他的未来变成了一个未知数。

他开始进行化疗，我们也确定了新的日常治疗方案。他不喜欢整天谈论自己的绝症，而更喜欢谈些其他的事情。

第一次被诊断出癌症时，他很冷静，想要去完成那些重要的事情，而癌症的复发促使他加快了行动的步伐。他是一个热心的工匠，即使在最忙碌的时候也保持着自己的木工爱好。现在，他决定重新拾起自己的爱好来做些大件的物品。首先就是为最年幼的女儿做张餐桌，因为在所有的孩子里，他唯独还没给她做过。

"这要花多长时间？"我好奇地问道。不过我立即就后悔了，因为担心他会认为我在质疑他预后的效果，觉得我在说不合时宜的话。

他笑着说："以我目前的状态来说，需要好几个月呢，但我很高兴做这个。"

我为他打气，不久我就看到了餐桌成品的照片。接着，他又为妻子做了一个水果盘。欣赏着它完美的抛光和精致的工艺，我禁不住问他在制作的过程中感受如何。他告诉我，他也经常在思考这件事。

"有时我会很难过，因为我的工作坊也会随着我的离去而关门。但大多数时候，我关注的是它给人们带来的快乐。我喜欢制作那些能和家人长期相伴的东西。"

我当时想，遗物能够多么轻松地将安慰传递给人们呀！

他提到，妻子担心他会割伤自己并感染病毒。"但我可不想坐在屋子里瞎担心。那又有什么用呢？"

我很荣幸认识这样一个从不装模作样的病人。伊恩一直有一种慷慨的精神，现在他的妻子注意到，他决心制作一些精美的木工作品来向大家告别。伊恩的爱好正是对生活的一种隐喻：他会一直坚持下去，直到自己无力继续为止。

"除了感恩之外，我还需要靠自己的双手来做一些事情。"他曾经笑着这样说。

伊恩的感激之情体现在方方面面。虽然他已是护士们最容易照顾的病人了，但他还是常常感谢他们对自己的包容。当实习护士终于找到一根静脉时，他会夸赞她；当秘书安排好了一个本不便协调的会诊时，他会表扬他。无论在哪里，我都能看到他因为一件小事而高度称赞别人，也见过大家因为他的感激而眉开眼笑。

我和伊恩本来只有些工作上的往来，做好自己的本职工作就好了。然而他的那些优秀品质令我感动。当各种治疗都变得无效时，他总会与我聊起我的孩子和他们放在我办公室的画作，借此让我们不再伤心。当他谈到育儿话题时，似乎在他心里没有什么比这更重要的事情了。他自豪地谈起自己的孙辈，当他女儿的双眼闪烁着泪光时，他打趣道："等到我的肿瘤医师知道了所有关于我孙子们的事情时，我的人生就差不多结束啦！"我笑了起来，但也看到了这些话背后的意义：伊恩总是在用崭新的方式向他生命中重要的人致敬。

感恩丰富了他的人生。如果没有自我排解的办法，那么愤怒、不安和不满很可能会填满他最后的时光。他可能会一直追问"为什么生病的是我？"，但却得不到满意的答案。相反，感恩是他保持优雅的工具，是他度过逆境的方式。这样做的结果就是他被所有人关怀、爱护着，而且毫无疑问，他走后，他的爱和遗产也会永远留下来。或许再没有什么比这种投资带来的回报更丰厚了。

伊恩没有食言，在他病情恶化时就停止了化疗。最后几个星期，他是在家里度过的，周围陪伴着爱他的家人。他欢迎别人的探望，也自然地和他们回忆过去一起度过的快乐时光。这让大家都兴奋不已。很多人感到欣慰，因为觉得自己的探望起到了积极的作用。

伊恩很小的时候就没再上学了。他总是说自己很普通，但是我认为，他是我见过的最开明的人。

伊恩去世后，他的家人想来拜访我，但我连忙表示完全没有必要。对于他的家人而言，拜访一个充满伤心回忆的地方，是一件很让人难过的事。但他们都来了，我再次被他们的镇定打动。这让我想起了伊恩在通往死亡的路上精心表现出来的样子。

我告诉他们，关于如何睿智地生活，我从伊恩那里学到了许多，而当他们告诉我伊恩是多么喜欢我的时候，这对我而言也意义非凡。伊恩的妻子从包里拿出一支手工雕刻的钢笔递给我，"伊恩希望你能收下它。"我很感动，但对于是否接受如此珍贵之物有些犹豫。但她坚持要我收下，说伊恩本来是打算留着它到最后一次问诊时再给我的，但是却没来得及。因为我也了解伊恩，所以相信这是事实。

我本想把礼物留在办公室里，但转念一想，还是把它带回了家，与其他病人留给我的卡片和一些物品放在了一起。这些物品提醒着我，作为一名医生所拥有的骄傲。

第二部分

对　话

交谈之道不但在于会说，也在于会听。

——威廉·哈兹里特

（William Hazlitt，英国随笔作家）

医学最可贵之处是，它让我们能够进行有意义的对话，这些对话可以让人们做出最符合自己利益的决定。真诚的谈话并不旨在比谁的声音响亮，或者是谁的观点强硬，而是为了让我们理解不同的观点。当我们停下来倾听的时候，更能看清人们身上的复杂性。我们往往会被自己的思想所限制，而交谈能帮助我们理解别人的想法。最重要的是，交谈能让我们重新更透彻地了解自己，并促使我们弄清楚自己到底是谁，生活中最重要的事情又是什么。

我的全部工作都是围绕着交谈展开的。全世界的医生都在抱怨越来越多的行政管理工作正在削减我们与病人相处的时间。大家都知道，好的谈话正是做出有意义决定的前提。我与临终病人之间进行的谈话，主要可以分为三个部分。

早期的谈话必然会集中在诊断和治疗方面。中期的谈话是为了帮助病人过好自己的生活。晚期的谈话，则与怎样安然而逝有关。

与我们的生命状况不同，这些划分并不是绝对的，不过它们提供了一个大致可用的模式。

中国有一句古老的谚语："听君一席话，胜读十年书。"但病人们总是对此提出异议，认为比起智者的建议，书本上的知识要更容易获得。

要了解每一种疾病的治疗方法，医生们实际上面临着巨大的压力。毕竟，找出疾病的问题所在是病人们前来向我们咨询的主要原因。如果医生们表明真相的话，估计有关题材的热门电视剧就会少很多了吧。但很多时候，我们医生也不知道该如何是好，尤其是在临终的病人面前。

在关于死亡的谈话中，一位富有洞察力的医生可能会这样对病人说："让我来帮你理解这个问题。"但是如果想向病人说出"请帮我理解这件事"，就需要智慧和成熟才能够做到。经验告诉我，在死亡的问题上装作很懂的样子其实是愚蠢的行为，以谦卑地向他人学习的态度来对待这项任务才是更加明智的选择。

本书的这一部分记述了一些我和临终病人进行的重要的谈话。他们的故事说明了人们面临的普遍问题、困境，以及现实问题。

　　任何帮助过病人面对这些问题的人都知道思考这些问题是多么棘手和困难，然而在探寻如何安然而逝方面，它们也正是关键所在。我们得出的结论也许会不同，但我们只要知道自己不是孤独地面对这些挑战，就会感到欣慰。而且，从别人的生活经历中汲取经验是一种智慧。

医生所说的，和病人所听到的

"沟通最大的问题在于，人们想当然地认为已经达成沟通了。"

——萧伯纳

（George Bernard Shaw，爱尔兰剧作家）

对于医生来说，没有什么事比听到临终病人在生命的尽头说"我不知道该怎么办"更让自己感到心烦的了。我知道，这会让我满脑子都在想，如果病人能更清楚地了解患病意味着什么，更早地接受即将死亡的事实，那么在通往生命尽头的旅程中是否会做出与现在不同的决定。

但是，在这样一个信息唾手可得的时代，"死亡"的概念早已被我们抛到脑后了。研究表明，大多数患者都不了解晚期疾病的预后情况，而且还会对自己的预期寿命过于乐观。有时候是病人未被告知事实，有时候是他们误解了，但有时候则仅仅是很多病人不想知道而已。

在一些研究中，接受培训的癌症患者们问了一些有关预后和临终护理方面的问题，他们的肿瘤医师认为自己应诚实地回答患者的提问。比起讨论自己喜欢以什么样的方式结束生命，大部分癌症患者更关心那些比较直接的问题，如血液测试的结果，或者下一个疗程的治疗。也许这就是人类的本性，但对死亡避而不谈并不能让它消失。这样做只会让我们失去决定自己如何生活，以及如何死亡的机会。

对预后结果缺乏了解，是病人情绪剧变，并阻碍他们在临终时做出决策的原因。正是这个最重要的原因让病人在本该获得更合适、更温和的支持性护理时，承受了激进、昂贵又无用的医疗干预措施。宝贵的日子就这样被浪费了，带来的结果却往往是令人沮丧的，因为病人通常都会死去。整个家庭就这样被拖垮了，医护人员对此也大失所望。

曾经有许多患者未听我的劝告，不相信医学的局限性，希尔达就是其中一位。当我遇到她的时候，她患上心力衰竭三年了，并出现了严重的呼吸困难和液体潴留现象，年迈的丈夫实在无法再照顾她了。住院期间，通过利尿剂来排出多余的液体加重了她的肾衰，而心脏相关药物则将她的血压降低到了危险的程度。她很容易失去平衡，很可能会跌倒受伤。由于卧病在床，她的身体逐渐变得虚弱。这是很多慢性疾病发展的必然路径，但可怜的希尔达对此却大为困惑：为什么没有人能治好她，而仅仅只是谈论那些和肾脏、血压相关的问题？难道这些都难以察觉吗？

"你能为我做些什么呀？"她每天都这样问我。不幸的是，我已经尽力了。她的健康状况逐渐恶化，再也无法恢复健康了。作为一位古稀之人，这已经是她最好的结局了。现代医学并没有对她不利，事实上，已经帮助她尽量活得长久了。

在这种情况下，进一步进行积极治疗并不能让她活得更久或更好。如果治疗的重点转变为提高生活质量的话，那么反而是更好的选择。我们可以尝试吸氧及家庭护理或者住院护理之类的方式。这也正是希尔达的丈夫所希望的。然而，尽管我一再要求，希望能就健康状况与她开诚布公地谈一谈，但希尔达对此还是无动于衷。理论上来说，一位在三十年前罹患乳腺癌却有幸存活下来的人最终也可能因为器官衰竭而死亡。但是，希尔达对这点嗤之以鼻。

希尔达一生都是一个骄傲又独立的女性，她的拒绝注定了她的结局，让她的身体每况愈下。她在医院住了一个月，病情并没有好转。她觉得自己被忽视了，因此很生气，第二天就联系救护车转入了另一家医院，但在那儿患上了医院获得性肺炎。她的丈夫每天都要开车去看望她，在她神志不清时，他还得代替她做决定，被折磨得几乎崩溃。很不幸，希尔达摔了一跤，髋骨骨折，最后就这样去世了。住在医院的这一个月对她而言是具有破坏性的，也耗干了她丈夫的精力，我对此感到很难过。我一直在想，要是这一路上我们认真地谈过，事情的结局可能会出现转机。

然而像希尔达一样的病人还有很多。医院里挤满了经过了现代医学治疗，最终住进来的病人们。他们患有慢性疾病，因病情严重恶化而被送进了急诊科。这里倒是能够将他们眼下的问题解决了，但是急诊科的医务工作者们实在是既没有时间，也没有能力去详细探讨他们的预后情况。

病人和家属们总会被问到他们想让医生做什么，但是当医生和病人之间的信息不对称时，这根本就是一个不公平的问题。虚弱的病人们会回答"一切可行的治疗都可以"，因为他们害怕医生会放弃自己。但这一回答只会带来干预措施，过一段时间同样的问题又会被问起。在关于死亡病例的讨论会上，医护人员常常不明白为何没有人提议，除了提供姑息性安慰措施之外，什么都不做才是最好的选择。在我认识的人中，没有人会因为这种无用的治疗而自豪，但如果我们不接受人终有一死的事实，这就注定是等待着我们的结局。

在发达国家中，近百分之八十的人希望在家中或在家人和朋友的陪伴下离世，但只有百分之十的人如愿了。有时候是情势所迫，但有时候是大多数人都没有提前考虑，或者花时间安排好各项事宜。从某种程度上来说，我们的生活是不可预测的。即使有了万全的准备，到了离世的时候仍有可能会手忙脚乱，但若我们掌握了先机，很多有关离世的事就会因此处理得更好，我们的亲人也能少经受一些痛苦。

这首先需要我们关心自己的健康状况。我们应该期待并主动要求与专业人士进行更好地沟通，了解自己的疾病及其后果。但同样重要的是，在他们为我们做检查时，我们也必须愿意进行沟通。我们必须明白该如何谈起死亡这一话题，并活用所学的知识，投入目标明确的生活。与专家们的沟通应该是敞开心胸、不加隐瞒的。这样做会为我们带来一线希望。最信任的家庭成员也应该在场，我们也应该认识到他们正是能帮助我们分担重担的人。

有了远见和准备，我们才能活得有意义。只有明白了死亡是无处不在的，当我们的大限将至时，我们才能做好万全准备去面对它。

告诉病人最坏的消息

真相绝不纯粹，也远不简单。

——奥斯卡·王尔德

（Oscar Wilde，英国文学家）

翻译先来找了我，她脸色苍白，难掩忧虑之情。她偷偷地向我低声耳语道："每次当你说到'癌症'这个词时，病人的孩子们就希望我能跳过去，让我别再重复它了。"我叹了口气，经验丰富的翻译们都已经习惯这样的要求了。

我向这位新手翻译保证，我们一定能把事情办妥。

比起坐在轮椅上的病人——闫女士，她的子女们看上去反倒更加紧张。她的前臂肿了一块，那是她最近在去卫生间的路上摔倒造成的。据说她被诊断出了认知受损，因此原本的复健也被耽搁了。后来她抱怨腹痛，却意外地被诊断出患有癌症。根据就诊记录，我推测，她没有多少日子可活了。

一份出院证明这样注明："根据家属的要求，并未向病人透露她患了癌症。"我只好抑制住自己的沮丧。

这一家人一进屋，病人的女儿就径直向我走了过来。

"我们想让您告诉我们的母亲她患了溃疡。"

在我刚当上肿瘤医师的时候,我的脸上会为此露出怀疑的表情。但是现在,我只是淡淡地说:"你的母亲并没有患溃疡。"

"那就说是感染吧。"

我静静地听着。

她坚持说道:"我母亲这一代的人,还是什么都不知道会比较好。虽然她也不知道这意味着什么,但一听到'癌症',就会吓得半死。"

她的主张听起来很冒昧,但却是出于爱。

我温和地回答:"那么我的工作就是帮助她理解。"

当我因为不让闫女士的女儿参与讨论而开始感到尴尬的时候,她的哥哥走上前来:"在我们的文化里,这样做是很常见的。"他这样坚持道。

"如果你母亲自己不想知道真相的话,那我能够理解。但我必须给她了解病情的机会。"

他回答说:"她患有痴呆,为什么还要加重她的负担呢？"

我很讨厌自己目前的困境,但我有责任照顾闫女士。

于是我跟他们商量:"如果她患有痴呆的话,就无论如何都没法理解我的话了。但至少我应该试一试。"

他看起来很沮丧，因此我保证一定会说得委婉些。这时，翻译把病人推上前来，孩子们也围了上来，紧张得就好像时刻准备着拉响手里的手榴弹似的。

"你感觉如何？"我问道。

"我很好，"她通过翻译回答，"我的手臂有点疼，但这在预料之中。"

从她回答我问题的方式来看，她的认知能力似乎没有问题，于是我意识到，一定是疼痛和语言障碍给先前的认知能力评估造成了影响。

当我问起是否出现新的症状时，她说："有时候我肚子里面很疼，这是最近才出现的感觉。"

"你想要知道为什么会疼吗？"孩子们的目光一直聚集在我身上，但我却一直盯着闫女士。

她急切地点了点头。毫无疑问，她想要知道。

"你可能还记得曾经做过的一些扫描检查吧。不幸的是，检查结果显示是癌症。"

"所以，真的是癌症了？从大家的表现来看，我就想过这种可能性了。"

我禁不住暗自对她敏锐的洞察力感到佩服。她的子女们看起来十分震惊,但是她连眼睛都没有眨一下。很明显,闫女士一直都知道,但却装作一副一无所知的样子,因为她不应该知道。

她对孩子们微微点了点头,看起来很困惑地说道:"但是他们说扫描结果是正常的呀!"

"妈妈,你不必担心,"她的儿子劝道,"在我们的文化中,我们是可以与这些东西和平相处的。"

她平静地回答道:"当然了,儿子。"

我所担心的紧张情绪并没有出现。闫女士的平静改变了谈话的基调。

闫女士是个寡妇,我和她谈得越多就越明白,她并不害怕讨论自己的预后情况。这使我很有信心将谈话继续下去,尽管她的孩子们可能更希望我停下来。

"聊天会帮助我知道你在想什么。"我说。

"我并不想永远地活着,但我想尽可能地在家里多待一阵子。"

我被她简单的愿望感动了,说"这就是我们可以为之努力的目标"。

我建议她不要做进一步的检查了,并联系了姑息性治疗小组来照顾她。当说到在她不在场的情况下,孩子们可能会提出更多的问题时,她又表现出了机智,主动提出到外面等着。

孩子们解释说，她曾在姑息性治疗小组的帮助下在家照顾过生病的丈夫，因此知道该做些什么。这验证了我的观点，即那些有过姑息性治疗积极体验的人更容易接受这件事发生在自己身上。

她的孩子们有许多问题要问我。我们讨论了她病情恶化的过程，以及他们应该怎样告诉家庭里其他思想传统的成员们这个消息。随着我们的讨论不断深入，我渐渐地发现他们摆脱了自己内心的内疚和矛盾，他们的焦虑逐渐被信心所代替，并相信自己能够处理将要发生的事情。

能够坦率地谈论闫女士的病情这件事，是非常有价值的。就像我遇到的许多病人一样，闫女士知道自己的身体有些地方很不对劲，我直接告诉她病情，可以让她提前做出安排。对她的孩子们来说，一边满足她日益增加的需求，一边还要隐瞒病情，会大大增加他们的负担。幸好她的家庭成员和她遇上的医生都不想骗她，因为那根本于事无补。

那天晚些时候，最大的惊喜临门而至。

"医生，我想感谢你救了我。"在我把那位翻译员迎进办公室后，她这样说道。

我对她的赞扬感到很困惑，直到她开口解释道："我们属于同一个社区，常在一起祈祷。虽然我知道自己的工作只是做你的翻译，但还是感到左右为难。"

她的话使我意识到，隐瞒病人患上绝症的消息，不仅会给医生和病人家属们带来负担，对于其他一些看似无关紧要的人来说也是一样的。很多人际关系都在隐秘地经受着考验。不过，闫女士的智慧和对死亡的接受力，以及允许人们共同分担悲伤的心情，使人们能够寻求和获得相互的安慰。在最后的日子里，闫女士一直表现得很平静，一再重申自己有不再经受痛苦且早日得到解脱的愿望。她告诉孩子们，自己在人世的任务已经圆满完成了，还表达了想要到另一个世界去见已故丈夫的愿望。

当她的子女们后来谈到这段经历为他们提供了一种完全不同的处理死亡的方式时，我们的谈话到此算是圆满了。尽管他们也承认自己对于死亡的传统的家庭观念的改变仍然需要时间，但我赞赏他们，也相信这段母亲安然逝去的记忆会帮助他们更好地掌握未来。

在我的工作中，对绝症诊断及其后果的披露仍然是一个有争议的问题。在二十世纪六十年代，一个非常令人惊讶的事实是，百分之九十的肿瘤医师承认自己不会向病人透露他们患上了晚期癌症，因为医生们相信这种做法会造成不必要的伤害，使病人无法享受最后一段人生。仅仅过了二十年，这种观点就已经过时了，甚至被认为是有害的。现在，百分之九十的肿瘤医师表示他们会告知病人真相。在一个病人拥有自主权的时代，完全披露病情被认为是一种职业道德，虽然不是法定的，但这是医生的一项义务。

我认为我们都需要考虑自己的死亡，患者有权决定自己想知道什么和想知道多少，而且我们必须留意到，各种文化都有其敏感性。

也许有些人还没有准备好开启这样沉重的谈话，但是任何想知道更多信息的病人都不应该被我们忽视。

医生不能成为病人需要的唯一裁决者，我们必须听取病人的意见。

在一个多样化的社区里工作，我了解到每个人都必须处理自己的后事。另外，每个人去世的方式也各有不同。在一些文化中，家庭成员们代替病人做出重要的医疗决定是很平常的事情。有些妻子甚至认为应该由丈夫来做决定，我甚至还遇到过一些女性，她们必须征求丈夫的同意才能和我进行对话。有时，由成年的子女来做决定是一种孝道，不过当看到青少年们努力地扮演他们的角色时，我会感到难过。

拒绝给出绝症诊断，可能会给被隐瞒的病人带来医疗、法律，以及潜在的经济上的影响。但在一些国家和地区，病人通常是最后一个知道病情的人——前提还是如果有人告诉他们的话。有些文化让人们坚定地认为：如果怎样治疗都无法改变结果的话，那么病人最好还是不要知道那些坏消息。因为如果知道了要做什么，那么他们也许会更加困惑。

医学强调病人的中心地位，但绝症会在整个家庭中掀起风浪，随着年龄的增长，我渐渐地领悟到了这一点。当我面临冲突，需要在坚持己见和服从家属的要求之间做选择的时候，会把病人的最大利益放在第一位。既然死亡是无法避免、不可逆转的，那么我们每个人都该有机会安排自己最后的生活，为它好好地收个尾，考虑一下自己能留下什么遗产。这就是我常常对那些刻意隐瞒病人病情的家属提出的建议。令我感到鼓舞的是，我的见解在大多数情况下打消了大家的疑虑。

为生命的终结做计划并不需要多么深刻的内涵。事实上，整理银行账户，提取养老金，减少抵押贷款的数额，动用以备不时之需的储蓄等，这些都不是小事。从现实的角度来考虑，就连列个密码和授权书清单这种事情，对于濒死的病人来说也是一项很重要的任务。与此同时，动用现代科技手段注销账户这一事宜也需要解决。在个人账户信息受到更多保护的时代里，这已成为许多离世病人的遗属面临的主要困难。我经常遇到一些家庭成员由于没有事先整理和计划死者的身后事，导致他们的痛苦增加了的情况。由于死者生前未提及那些未还清的贷款、未缴纳的费用和破产的生意，配偶对此大为头痛。因此，孩子失去了教育基金，年迈的父母甚至亲戚因遭受了意外的损失而不得不担起重任。然而，从这些不便中衍生出的痛苦和怨恨，其实是很容易避免的。

在这里提及立遗嘱的重要性，实在是再合适不过了。根据我的经验来看，未立遗嘱、遗嘱丢失或者内容不明确，都会导致严重的家庭分裂。遗嘱问题引发的关系破裂很可能会波及旁观者，这就更不用提那些参与其中的人了。以我的从业经历来看，病人临终时受到的最严重的伤害往往来自遗嘱方面。我见过严重的肢体冲突、病床边的激烈争吵，还有血肉之亲因此形同陌路的事。最让我难以忘怀的回忆是有个家庭要求一位濒死病人停止使用镇定剂，好让他们问一问他遗嘱的事。当然，医护人员拒绝了，但谁都能想象得到那个家庭遭受了多么大的创伤，我真不知道他们能否恢复过来。

在死亡引发的情感和思绪波动中，误解、错判和过度反应在所难免，然而一旦恶言出口便无法收回。手足之争是一个常见的原因，他们曾感觉到不平等，怀疑父母有所偏袒。再者，再婚及继子女问题往往也是争端的导火索。社会工作者们建议，关于重要遗嘱的讨论最好是在病人的一生中慢慢地进行，以便所有人都知道其愿望和指示。立遗嘱者应该确保遗嘱是准确的、最新的，并交给一位可信赖的人来保管它。因为有太多的时间和太多的感情被浪费在寻找丢失的遗嘱和追求预期的收益上了。令人惊讶的是，亲人们为之争斗的往往不是遗嘱的内容，而是一些基础原则问题。想要好好地与世界告别，很重要的一点就在于确保遗嘱不会成为一个引发战争的武器。同样，如果我们理解了死亡的必然性，那么这一点就变得简单多了。

即便没有什么私人财产、工作事务很简单、遗愿也平淡无奇，我们也应该注重情感上的圆满。大多数情况下，病人们的愿望是和解、宽恕，以及度假、写信、记录遗产、获得力量与决心。在生活顺心的时候，我们应该给予这些事情同等的重视。如果我们在日常生活中充分考虑了这些重要的事情，那么到了生命的最后关头，才有机会让结果符合我们的期望。

在与人讨论预后问题时，我想到，与其说我们害怕死亡，不如说是害怕死亡拉开亲人放弃我们的序幕，害怕他们再也不会留给我们任何同情、怜悯和交谈的机会。其实事情并非如此。

如果我们不去问，就永远不会知道其他人想要什么、感觉如何。不胡乱猜测并对一切都敞开心扉，才是医学的真谛。

人们如何走向死亡

我原以为自己在学习如何生存，其实我一直在学习如何死亡。

——列奥纳多·达·芬奇

（Leonardo da Vinci，意大利学者、艺术家）

当理查德倾身上前的时候，我们的咨询已经接近尾声了。

"一直以来都没人告诉我，人们到底是如何死去的呢？"理查德八十三岁了，满头银发，一脸风霜。他拒绝进行第二轮的化疗，并开始了姑息性治疗。出于内心的好奇，他还想针对"死亡"这个话题要个满意的解释。

"你之前都听到了些什么呢？"我问他。

"老生常谈罢了。"他轻轻地耸了耸肩，但那份忧虑是无可置疑的，于是我突然对他有了一种保护之情。

"我们今天讨论这个好吗？"我温柔地问，不知道他是否希望自己的妻子在场。

"就像你看到的这样，我非常想知道。"他回答，对于自己幽默的俏皮话很是满意。

"人们是如何死亡的？"是癌症患者们在谷歌上经常搜索的

问题之一。癌症只是导致健康状况逐渐恶化和死亡的诸多疾病之一，所以对这个问题的解释与任何患有慢性疾病的患者都关系密切。从器官衰竭到痴呆，所有会导致身体渐进性衰退的疾病都是如此。

虽然病人可能会在谷歌上搜索答案，但却很少去问医生。我曾亲眼看到，在死亡来临时，由此产生的恐惧和错误的认识是如何轻易地导致病人再也无法理解这个问题的。

一些人不敢提及这个话题，而另一些人则坚决劝阻别人找出更多的答案。"当你提及'死亡'时，就会停止战斗了。"有位男士这样告诫自己的妻子，然而因为什么也不知道，她遭受了巨大的痛苦。她虔诚的一家人一直把她蒙在鼓里，直到她去世的前几天，她恳求我，如果她就要死了，那么请我诚实地告诉她病情。

"是的，你时日不多了。"我握着她的手说。这时她的丈夫走了进来，因为我扼杀了他妻子的希望而对我大发雷霆。她用眼睛默默地表达着歉意，而她的丈夫却对医护人员大肆辱骂。之后，让我们不敢相信的是，他居然给妻子办了出院手续。他拒绝了姑息性治疗，坚持说是我的话害了他的妻子。像这样的事件不仅让临终谈话这个任务难上加难，更严重的是，还给垂死的病人造成了不必要的精神创伤。

许多医生不愿意讨论预后问题，因为他们不能确定结果如何，也不知道如何传达坏消息。

然而有证据表明，在适当的情况下，体贴又真诚地与病人讨论"死亡"这个话题，能使他们更好地去决定进行哪些医疗保健项目、去妥善安排各种事宜，并避免接受过度的治疗。

我们如果意识到自己即将死亡，就会感到很痛苦，也会对此感到害怕。这是再自然不过的事。没有谁会希望自己濒死的日子变得更加难熬。但值得强调的是，有证据表明，当病人对濒死的事实缺乏认知时，会经历更强烈的悲痛、焦虑和消沉。

我的许多病人描述说，一旦他们的恐惧被公之于众，他们就会产生短暂的不安，但这种情绪很快就被平静取代了。只要有机会接受专业的姑息性护理，病人就能从中获益良多。

对护理者而言，照料即将离去的病人是一个沉重的负担，而且对于这一负担，大多数人还未有所察觉。然而，随着病人的病情逐年恶化，长期的护理压力会使护理者身心俱疲。

"自从我母亲五年前第一次中风开始，我就从没睡过一个好觉，"一位病人的女儿说，"这是一种新常态。"即使母亲在小憩，她也觉得需要及时监督治疗情况，并进行适当的护理。

另一位护理者，一边靠兼职挣钱谋生，一边还需要照顾身患绝症的弟弟，她说一想到弟弟即将死去她就快要窒息了。她不能失去工作，但又感到内疚，因为她不得不在工作时将弟弟交给志愿者们护理。她决定尽量让弟弟多待在家里。

在这两个案例中，我看到了当病人健康状况恶化、死亡即将到来时，让护理者参与对话有多么重要。因为只有这样，他们才能更有准备地应对病人的死亡。死亡对任何人来说都是不可避免的，他人的死亡也会对于我们如何处理自己的死亡产生很大的影响。

不同疾病的症状不尽相同，不同患者的症状表现也各有不同。人体构造是如此复杂，所以猜测太多就会招致错误，但这些都不能阻止我们去了解死亡的过程。癌症和许多慢性疾病造成的死亡可以被描述为通过一种共同的最终轨迹发生的——"生命无以维系"。这个表述意思很广，可以囊括临终时所有的身体恶化现象。

严重的器官损伤会导致器官衰竭。癌症是由于癌细胞不受抑制地生长所引起的，这些癌细胞可以熟练地逃脱身体的正常防御机制，扩散或转移到身体的其他部分。当它们转移到了肝、肺或者大脑时，就会阻碍重要器官发挥功能，从而导致患者死亡。肝病、心力衰竭或肺气肿，可能是由于过量饮酒、长期吸烟等习惯或者心脏病反复发作造成的。肝脏和肾脏上出现问题尤其具有重要影响，因为它们负责排毒和维持正常的生理机能。通常来说，如果有重要作用的器官衰竭、无法运作了，就往往会导致死亡。

包括癌症在内的慢性疾病会引起能够抑制食欲的化学物质的释放，从而影响食物的消化和吸收，导致患者持续性体重减轻。关于这些化学物质的相互作用，我们知之甚少。而且，营养补充剂似乎无法代替那些本应由身体自然地产生的物质进行工作。这就是食欲刺激剂很少在病人身上起作用的原因，而且安眠药也无法为患者带来持续高质量的自然睡眠。

当身体衰竭时，病人对液体可能会感到恶心，或者无法进行吞咽，因此很可能会脱水。缺乏营养、水分和运动又会导致病人肌肉萎缩、虚弱和疲劳。

呼吸急促是濒死之人的一个共同特征。许多癌症患者的癌细胞会转移至肺部。心力衰竭和肾衰会导致肺内液体积聚，重度肺气肿会降低肺活量。因此，很多人会有一种窒息感，或将其称为"空气饥"（air hunger），即一种没有足够的空气可供呼吸的感觉。

像癌症、糖尿病和其他能够引起重要器官衰竭的疾病，会损害身体的免疫力，使患者易受感染。这些感染可能会击垮身体的正常功能，使治疗也变得更加复杂，尤其是在肝脏或肾功能衰竭的情况下，这会变得更加困难，因此必须找出一种安全的抗生素才行。

由于器官可能会出现功能障碍，所以会引发致命的代谢紊乱，如钾或者钙浓度升高。

神经系统疾病是造成死亡的一种常见原因。癌症的脑转移可能会导致严重的疲劳、出血、行为紊乱、癫痫发作和瘫痪。脑组织的肿胀会让病人逐渐失去意识并最终死亡。非癌症导致的神经疾病，尤其是痴呆，可能会通过不同的方式使患者失去生活的自理能力。患者会逐渐丧失关键的大脑功能，继而无法维持正常的行为、心理活动、食欲和各种身体习惯。

从本质上来说，我们器官的工作就如同合奏一首美妙的交响乐，某个部分出现问题一般也会引起身体的其他部分出现问题。

媒体常常将死亡描述得非常戏剧化，但它恰恰与人们所相信的事情相反，突然的、灾难性的死亡其实越来越少见了，大多数的死亡是可预见的、逐渐发生的。这给了我们一个前所未有的机会，让我们对自己的死亡方式有了发言权。

要想了解所有关于人体如何走向衰竭的细节，也许是一个艰难的任务，不过现代医学正在逐步探索如何让病人更安然地离去。在这个方面，姑息性治疗领域就显得尤为重要了。护士、社会工作者、心理学家、牧师关怀工作者，甚至是宠物，在缓解临终病人身体不适方面都发挥着至关重要的作用。另外，相比起无用的医疗手段，能够减缓病人心理痛苦的方法更应受到重视。

参与姑息性治疗的专业人员需要接受培训，学习怎样解决棘手的问题，为病人和家属提供咨询，并帮助他们记录遗产。他们应使病人的悲伤正常化，帮助病人重塑世界观。在那些没有正式的姑息性治疗服务的地区，则需要检查个体护理者们是否拥有专业资质。

人们有时担心姑息性治疗的引入会取代有效的医疗护理，但还没有证据支持这一顾虑。姑息性治疗并非只在医疗团队束手无策的情况下才进行。事实上，有证据显示，在接受积极的医疗治疗的同时，尽早让姑息性治疗介入其中能够维护患者的情绪健康，提高其生活质量，甚至还可以延长一些患者的寿命。因为，这种治疗方法更加关注病人的整体情况。

在了解了自己的预后情况后，许多病人会做出更为慎重的决定。姑息性护理专业人员会帮助医生和患者们更好地了解双方的意愿，促使医生思考继续治疗的价值，鼓励病人回顾自己的人生目标。

任何人都只有一次生命，在它接近尾声时，我们值得拥有诚恳的意见、意义深远的对话及他人的同情之心。两千多年前，希腊哲学家伊壁鸠鲁（Epicurus）曾指出，美好生活的艺术与安然离世的艺术是统一的。虽然我们应该对美好的生活充满热情，但同样，也应该思考如何好好地和这个世界告别。

决定在何处离去

我们都只是走在回家的路上而已。

——拉姆·达斯

（Ram Dass，美国心理学家）

每个人都有问题要问扎伊娜布。疼不疼？有多疼？感到头晕吗？恶心得厉害吗？周末以来有没有感觉好些，还是更糟糕了？这些问题的确很重要，但当我遇到她时，想到的最紧要的问题就是：她想在哪里离世。

我以前没有见过她，但平时给她看病的肿瘤医师不在，而且留给她的时间不多了，这才让我有机会认识了她。我了解到，她在过去两年里接受过抗癌治疗。最近，临床试验中使用的一种药物在她身上引发了严重的不良反应，现在她在医院里已经出现了一系列症状。

医生们用药物缓解了她的病情，但现在她感到十分疲倦。

"我知道事态很严峻。"在我做了自我介绍又问了她对自己的病情了解多少之后，她平静地说道。

与陌生人谈论死亡，是很艰难的。但我还是收起了跳过这个话题的打算。如果想要尊重病人的临终愿望，那么我就需要了解他们。

扎伊娜布欣然地解释说，她和她的肿瘤医师本来就没有期盼这个临床试验会带来多大好处，但他们没有料到，这居然让她感觉更糟糕了。

"现在我知道自己已经什么方法都试过了。"她说。我注意到，她不但没有失望，反而似乎很平静。与这样的病人见面总是让人感到愉悦。在这种情况下，平和的心境带来的最明显的益处是：它让病人得以超越现状，使其为将来做好打算。

我知道我可以问扎伊娜布下一个问题了："如果你的健康状况继续恶化，那么你想在哪里休养？"

"我想回家，"她若有所思地说，"但我不知道这是否可能。"想要平衡愿望和现实是很困难的，也许只是区分两者，就得花上数天时间。不过我认为，扎伊娜布很快就会得出自己的结论了。

她告诉我，她是个寡妇，已经退休了，以前完全能够自理。但在前几个月里，她需要两个儿子和家人们的帮助才能继续独居。他们给她带来有营养的食物，负责打理她的各种事务，开车带她去就诊。但是现在她需要的帮助更多了，因为在好些天里，她无法独自下床，又或者在沐浴的时候需要帮助。扎伊娜布也担心自己会

摔倒，但更担心的是自己会给儿子们增添负担。我很为她的体贴
感动。

"你有没有想过用别的办法来代替在家休养呢？"我问道。

"这就得取决于我能活多久了。"她回答说。于是，我又一次
被她理智的想法所打动了。

没有人喜欢传达坏消息，但现在是需要真相的时刻。

"很遗憾，只有几个星期了。"

"是的，我也是这么想的。"扎伊娜布点了点头，态度坚定，就
好像我们只是在讨论家具的交货日期。她的适应力惊人，我感觉
这正是源自她对死亡的沉思和接受力。

"我会接受临终关怀的，但还是想试试能不能回家。"她怀疑
儿子们没法帮上忙，因为当他们目睹祖母临终前虚弱不堪的样子
的时候就是如此。但社会工作者认为他们也应该参与到这个决定
中来，最后她同意了。

扎伊娜布猜得很准。她的大儿子焦躁不安，不怎么说话。显
然，他无法应对母亲在家去世的现实。小儿子也承认，不认为自己
能够给予母亲应得的照顾。

社会工作者向他们坦言，许多家庭也有同样的经历。至于我，
则为扎伊娜布的处境感到十分痛心。我甚至希望我们从未让她的

儿子们参与到讨论中来。但再次令我惊讶的是，扎伊娜布赞赏了儿子们愿意参与进来的举动，并承认照顾垂死者的确是件让人悲伤的事。为了让儿子们之间的和谐关系不因她的离世而改变，她巧妙地做出了努力。

后来她告诉我，她根本没有想过他们会照顾她，所以并没有感到失望。那位社会工作者认为扎伊娜布是她所见过的具有坚忍克己的意志的病人之一。事实上，她的所作所为也换来了许多善意，她的儿子们与一些邻居一道，在白天把她接回了家，还为她举办了一个花园派对，这份惊喜让她兴奋不已。

当临终关怀医院有空余床位的时候，扎伊娜布住了进去，并在那里度过了她生命中的最后十天，死亡的到来比我预想的快了一些。她非常感谢医护人员的照顾，也很感激儿子们长期的陪伴。在扎伊娜布平静离世的过程中，她面对真相、提出问题及调整自己预期的能力发挥了非常重要的作用。

在哪里离世这个问题，已经成为现代社会的一个难题。最近英国的一项调查显示，虽然只有百分之一的癌症患者倾向于在医院去世，但实际上在此离世的人的比例却超过了三分之一。总体而言，在西方国家，有五分之一的患者是在家中去世的。事实上，病逝于医院的病例已比较常见，以至于有一则新闻头条消息抗议道:许多患者在家中去世的愿望被"否定"了。我认为这条新闻忽略了居家临终护理的复杂性,与此同时,我无意中也会对那些疲惫不堪的居家护理工作者感到内疚。

许多人在自己仍然能够应对病情的时候表示愿意在家中死去,虽然困难会很多,但还是有很多乐于奉献的亲人会帮助他们。但是,通常情况下,病人的健康状况会恶化,而亲属可以提供的帮助是有限的,外部援助者也只具有辅助作用,如果出现突发状况,那么居家护理就会变得不切实际甚至不安全了。

对许多人来说,居家离世是一种发自内心的需求,专业医护人员们也致力于实现这一目标。但当一些原本简单的活动,如在床上翻身、安全地服药、烹制午餐也变成一种挑战的时候,要想居家离世,唯一的方法就是保证病人全天都在护理之下,而这对于大部分人来说是负担不起的。

如果抚养一个孩子需要调动一个村庄的力量,那么护理一位意欲在家中辞世的病人也需众人倾其所能。

即便患者认为自己不需要不间断的照料,但护理者的想法完全不同,他们认为一位濒死的患者也需要一直有人照顾,护理者需要强壮的身体,而且在面对死亡的过程中的起起伏伏时,还必须有情绪恢复能力。毫无疑问,即使是做了万全的准备,这项工作也是极其耗人精力的。这段时间很长，而且护理者常常会担心自己的行事方法是否正确。在一个不习惯在家进行代际关怀的社会里，对于那些突然被委以如此重任的人来说，这是十分令其焦虑不安的。另外，临终护理会持续多长时间是不可预测的。这一点也增加了临终护理的难度。但很多亲属并不会选择其他的方式，因为他们知道，在家中去世能给临终病人带来慰藉，而且觉得自己的工作是有意义的、积极向上的。

患有相似病症的患者也可能会有完全不同的临终轨迹。最近，一位疲惫的护理者回忆说，她的母亲患了中风，本来预计会在八小时内去世的，但多承受了足足八个月的折磨直到现在。一位痴呆患者的女儿为自己的父亲感到痛苦，因为他被感染了，尽管不能使用抗生素，却还是艰难地存活了下来。我有一位癌症患者，原本预计她只剩几个月的时间了，然而死亡并未在预期的时刻来敲门。这让她那本来就勉强维持生计的丈夫患上了抑郁症。我永远不会忘记这个案例：有一位患有认知障碍的患者需要做透析，而他年迈又过度劳累的妻子却企图自杀，因为她实在找不到其他的应对办法了。在所有这些案例中，当面对亲人想要痛快离世而不愿忍受生活质量一再下降的愿望时，家属们都深感矛盾。

非专业的护理者是社会中不被赏识的人之一。他们强撑着身体以完成给他们的肉体和精神都带来了折磨的任务，而常常会放弃其他重要的事情，如他们的本职工作、社交生活，甚至自己的健康。说到底，是责任观念一直在支撑他们。

不用说，有很多人想要做这些事情，但却根本做不到。随着人口不断老龄化，许多护理者自身也年迈、身体虚弱或者身患疾病。我的一些年老的临终病人往往是他们的老年配偶或者残疾的成年孩子的主要照料者。

有些处于困难时期的成年孩子会搬回父母家，与他们同住。有时，这种安排对双方都有好处，使得临终病人可以待在家里并接受照料，但要视情况而定，有时这也有可能给人增加巨大的压力。日益加剧的酗酒和药物滥用问题使我的许多临终病人反而要去照顾年幼的孙辈，甚至还需求助于法律体系来保障他们的未来。我曾遇到年仅十岁的孩子照顾身患重病的父母的情况，但你根本不可能想象出孩子会如何应对临终护理。上述这些照顾亲人的人都已经尽其所能了。

我们必须承认，照顾临终病人会带来不适和恐惧。在一个流动的社会里，我们已经不再和亲人朝夕相处了。这使得我们为他们提供亲密关怀变得困难起来。

我们把许多病人、残疾人、老人安置到了我们的机构中，也需要陌生人来承担照顾他们的艰难任务。虽然现代生活似乎迫使我们向一些护理机构寻求帮助，但澳大利亚的一项研究表明，近一半的养老院居住者从未被人拜访过。孤独、营养不良和情感空虚现象十分普遍。

提供居家临终关怀，也许并不是为了每一个人，但考虑到我们都会有生命结束的一刻，所以这是必需的。在一个从不考虑死亡的社会中，人们难以知晓面对死亡时应该做些什么。我们把老人和病患安置在家，继而又疏忽了他们。他们身体状况的恶化让我们感到不舒服，他们的死让我们想到了自己的未来。最后，我们却忘记了自己也终会死亡的重要事实。

人们普遍认为死亡已经变得过于医学化了。的确，即使人们在医院待一小会儿，也会听到噪声，受到各种打扰。在这里人们很难入睡，找不到一张舒适的床或一杯热茶。但尽管如此，医院确实具备专业的临床条件，病人对于这一点也十分感激。这里有体贴的护士、敏锐的医生、持续的监护和适当的能够缓解症状的措施。面对困难时，社会工作者和牧师们会辅助人们获得平静并树立信心。这里还有能缓解悲伤情绪的心理学家和能提供陪伴的志愿者们。

任何护理过临终病人的人都知道，减轻有关人们存在的心理

痛苦和获得身体上的舒适是同样重要的。医疗机构善于应对病症
而非情感问题，但许多护理者坦言，为了满足病人的日常需求，已
经精疲力竭。因此，处理悲伤情绪已经变为一种奢求了。但只有
当医疗机构能够妥善处理病患的身体问题时，才会使处理死亡带
来的悲伤情绪的这项任务变得可能。

当然，医院并非完美，也会出现一些可怕的错误，但是我们不
应该低估医院给垂死的病人和他们的亲属们带来的安慰。我的病
患们有一项越来越普遍的要求，即希望在医院或临终关怀疗养院
度过更长的时间。我们不能忽视这样一个事实：到了生命的最后
关头，有很多人感到待在医院或者临终关怀疗养院更为安全。

其实，问题并不在于临终病人是否需要专业的帮助，而在于到
底医院应该采取什么样的帮助形式。相对于快节奏的医院来说，
社区姑息性治疗比较稳健，而住进临终关怀疗养院则更容易实现，
这两者都可以作为住院休养的替代选择。有证据表明，姑息性治
疗是有益的，性价比也很高，但尽管如此，它往往因病人资金不足
而被社会误解或过度解读。为了实现姑息性治疗的使命，患者必
须确信在自己需要的时候能够用上它。在临终时，病症有可能变
化得很快，耽误一周有可能会造成致命的后果。与一个能够提供
临终护理和相关咨询的家庭医生保持良好的关系，对于处理病人

居家休养的事宜也会有很大影响。

　　对专业医护人员和病人来说，关于死亡地点的讨论是个沉重的话题。虽然已经有了二十年的从医经验，但我知道自己仍然需要努力应对这些问题。如果医生们想尽到自己最大的努力，那么必须足够大胆地提起死亡的话题，病人和亲属们也必须鼓起勇气参与进来。照料垂死病人的经历会给护理者留下难忘的印象，也可能决定他们看待自己死亡的方式。因此，认真地思考这个问题，对于双方都有益处。

　　对我们大多数人来说，死亡的地点并不如死亡的方式重要。通过了解医学和医疗的局限性，以及认识到现代医学的另一项伟大使命，即为临终病人提供安宁、为其遗属带来慰藉，我们就可以缓解自己在面对死亡时可能经历的痛苦了。

在临终时得到最好的护理

如果一个人根本不知道他该驶向哪个码头，那么任何风对他来说都不会是顺风的。

——塞涅卡

（Seneca，古罗马政治家、哲学家）

几个世纪以来，医学所能提供的无非是镇痛剂、药剂和医生的抚慰。哲学家伏尔泰曾睿智地指出：医学的艺术在于大自然能为病患医治疾病，它却能够使病患心情愉悦。经过了一个世纪的进步，医学已经发生了翻天覆地的变化。人类活得更加长久，曾经被认为是绝症的疾病有的得到了控制，有的已经被消灭，普通人也有了更多机会去获取各种信息。医学界有了更严谨的证据、更有效的药物及更先进的技术。然而很少有人会认为，在满足病人作为人的需求和喜好方面，医学还有很长的路要走。

最近，澳大利亚的一项研究发现，医学专家认为每年有四万一千天的住院时间（一年之内，天数与平均每日可被更好地利用的床位数之积），超过一点五亿美元的花销是被全无益处的临终治疗白白浪费了。若从单个的病患来看，即入住普通病房十五天、重症监护病房五天，以及相应的费用。临终治疗无效，在许多国家都是一个常见的现象。在美国，据估计百分之五的人在临终治疗方面使用了医保总费用的百分之五十。不仅如此，虽然确切数字可能有所不同，但重点是，生活在发达国家的大多数人的医疗保健支出集中用于生命最后几周。尽管对于"无效治疗"这个词的定义比较主观，但经济上的事实往往不符合情感上的决定和期待。事实上，临终的病人是非常脆弱的，而他们被要求做出的决定又是那么复杂，所以每个人都容易陷入一个陷阱：认为采取的医疗手段越多，效果也就越好。

每年有三万册科学期刊共发表一百多万篇科学论文，其中大部分是在庆祝积极的研究成果，这些研究成果将一种新药或治疗方法推向市场。在这些研究中，实际上只有一小部分研究成果能够改变人的生命。但由于获取最新数据具有难度，医生主要还是依靠一些专家和制药公司对于这些研究成果的解释来用药。医学界充斥着偏见，以及利益冲突和信息的选择性披露。制药公司一贯旨在提高收益，而不担心药物会有何风险。因此，常常有医学界的舆论引导者被发现犯有研究造假和曾发表不当言论的过错。这些问题一般不会被公众注意到，对于庞杂的医疗行业来说可能显得乏味。因为医者更想获得容易理解的信息来治疗越来越多的患者。因此，我们不难看出，炒作是如何凌驾于理性之上的。

我常常被问起，医学界面临的最大挑战是什么？我敢说，这个挑战是增加病患决定自己的死亡方式的自主权。最重要的是，医者需要确保自己提议的医疗干预措施是经过深思熟虑的和体贴周到的，其与护理的目的相一致。无须赘言，这就要求我们重新思考当前的主流文化。不接受人终有一死的事实，那么我们在"如何安然地离世"这个问题上只能举步维艰。

我的病人哈罗德已经九十五岁高龄了，他的愿望只有一个，那就是喝上一杯热茶。自从他的妻子去世后，他就一直独居，满足于坐在自己最爱的扶手椅上，边听收音机边小啜一杯热茶的生活。他的孩子们一直催促他去养老院，但他不予理会。有一天，女儿发现他中风瘫倒在了椅子上。他被送进了医院，家人都同意让他在那儿平静地去世。但哈罗德并没有死，相反，当他来到我的病房时，还保持着一种半清醒的状态。

多亏了循证护理，中风患者的预后情况得到了明显的改善。早期干预在挽救患者生命并提高其生活质量方面具有重要价值，但任何干预措施都必须根据病人的个体需要进行调整，医疗方案绝不能不加区别地被使用。

哈罗德因为中风而失去了行动能力。他由于一侧身体软弱无力，无法坐在椅子上，所以大部分时间都只能半躺在床上，间歇性地小睡一会儿。他说话和吞咽的方式也都发生了改变，但有一件事始终如一，他将此告诉了任何听他讲话的人：他特别想喝上一杯热茶。

来往于病室的行人都很同情他，然后又会指着床上的警告提醒他，这样做有误吸的危险，意味着由于吞咽功能受损，食物或饮料会进入他的气道而不是胃里。误吸会导致肺炎，是老年人入院和死亡的一种常见原因。

遵循中风护理方案，言语病理学家对哈罗德进行了测试，发现他只适合食用人工增稠的饮料和糊状食物，而这两种食物他都很不喜欢。如果他想要喝水，那么必须将水与增稠剂混合，但正如任何品尝过增稠水的人所知道的那样，它和清新的普通饮用水的味道完全不同。可怜的哈罗德试喝后，想把它吐出来。

大多数通情达理的人都会主张让一个九十多岁的人随心所欲地吃喝，即使是误吸了食物从而引起肺炎或导致死亡也没关系。我是愿意给哈罗德一杯茶的，但这引发的骚动却让我始料未及。

当病人大多数时候都无法入睡，或者不能充分地表达自己的意愿时，我们就会认定他们的认知能力不完整，继而还会认为，关于他们的护理的决定需要由其他人来代其完成。言语病理学家将喝茶的危险告诉了哈罗德的孩子们，他们马上开始担心起来，认为父亲会死于误吸液体。孩子们劝阻哈罗德喝茶，而他几乎疲惫得根本无力争论。我发现，无论使用什么措施，他的预后情况都收效甚微，于是我最终说服言语病理学家接受了哈罗德即将去世的事实。然而，现在这家人却很难改变他们的立场。哈罗德的两个孩子同情他的遭遇，而另外两个孩子决心帮他避开任何风险。

僵局持续了整整一周，后来社会工作者召开了一次会议，借以寻求解决办法。

我不得不尽自己最大的努力说服哈罗德的家人，让他喝上一杯茶，实际上，这是一种很好的医疗护理。那天，哈罗德十分清醒，而且坚定地说出了自己想要的东西。当听到看护员低声说她因能为哈罗德端上他梦寐以求的那杯茶而感到非常高兴时，我也体会到了一种平静的欢欣。哈罗德最终喝上了自己梦寐以求的那杯茶。他后来过得当然算不上幸福，但在那几个月里他一连喝了好几杯茶。这让日子变得好受多了。

对一个局外人来说，在照顾一位衰弱老人的过程中，最棘手的问题居然是能不能让他喝杯茶。这听起来似乎很荒谬，但哈罗德的故事正是一个很好的例子。它说明即使去满足病人微小的需求，也可能产生积极而显著的影响。

我们有可能享受到医学所提供的最大限度的益处，而又避开所有的副作用。为了实现这一点，我们必须积极参与自己的护理过程。我们必须相信自己不会永远活着，但只要还在人世，就能够以一种有意义的方式生活。当我们无法表达自己的意愿的时候，就需要亲人们来做我们坚定的支持者，勇敢地区分什么是我们想要的，以及什么是他们觉得我们想要的。

至关重要的是，医生们需要放下他们毫无节制的治疗，问问患者，对其来说什么才是重要的东西。很多时候，医学本身就有一种让人无视患者的力量。反过来说，这也要求患者们承担起责任，始终参与关于发生在自己身上的一切的谈话。

我的那些临终病人，面对着各种决定而苦恼万分，并且往往因迷失在细枝末节里而变得绝望。对此，我常常深受触动。到了生命的尽头，他们不知道自己是否需要接受更多的治疗、进行更多的化验、寻求更多的意见。即使是最坚韧的人，也可能被这些事情击垮。不过我对病人的建议向来是：每项决定都要回归到对自己来说真正重要的事情上。我们的答案各不相同，但凡是能够回答重大问题的人，也都能够找到那些相对浅显问题的答案。德国哲学家尼采如此精妙地总结："一个人知道自己为什么而活，就可以忍受任何一种生活。"

哈罗德的生活很充实，而且他非常想念妻子的陪伴，对他来说，幸福就意味着喝上一杯茶。对我们当中的一些人来说，它或许意味着去钓一钓鱼、抱一抱孙子，或者别具一格地庆祝一下最后一个生日。对另一些人来说，回想一下自己有哪些遗产、到花园里坐一坐，或者爱抚宠物一番，都能让他们获得极大的满足感。与复杂的现代医学相比，这些需求听起来简单又朴实，但却都是我们应该认真对待的事情，因为它们是构成有意义的生活的基石。

当我们环顾四周时，我们中的很多人会因病人的所求与医者的所为之间的差异而感到担忧。然而，通过思考自己的人生目标，我们也能让病人享受到医学最美好的部分。

学会放手

人应该害怕的并非死亡，而是永远不曾真正地活过。

——马可·奥勒留

病人的尖叫声在重症监护病房周围回响。这让人很难弄明白，如此痛苦的叫声怎么会存在于一所先进的医院内。在这一片混乱和周围人的痛苦的表情中，人们不可能集中注意力。

我从一位护士那里得知，一位虚弱且长期卧床的患有痴呆的妇女患上了足部坏疽。她的家人起初反对截肢，因为觉得她根本无法恢复。但是当她的意识由于脓毒症而变得模糊时，他们拒绝手术的决心也开始动摇起来。

现在她的家人们决定，尽管有风险，病人还是应该接受手术。这种情况非常普遍——坐下来和家属们谈一谈，告诉他们病人即将死亡而这并非他们的责任。这样能够让病人平静地去世。同时，还需要向他们说明，病人即使从手术中幸存下来，也可能面临更多的风险。此外，我们还需要为认知障碍患者提供一些便于衡量的益处。但是这些商谈需要时间，面对一个状况不断恶化的病人和一个坚持己见的家庭，医生最终决定还是截掉那只生了脓包的脚，并祈祷着事情会有转机。

这位病人在手术中幸存了下来，但是原来的认知功能却丝毫没有得到恢复。一个月后，她仍然糊里糊涂，明显非常痛苦，而且无法与人沟通，她的痴呆也更加严重了。她的哭声太尖锐了，穿过了重症监护病房的墙壁，后来她在普通病房待了几个月，因为家人们实在无力再照料她了。当她最终回到家时，得到了价格昂贵的社区护理，全天候都有人照料，但她对自己的处境一无所知。

我们大多数人对死亡的恐惧都挥之不去。对于所有见过她的人来说，这个可怜的女人是我们的鲜明代表，她的案例引发了许多人的自我反省，也引起了人们深刻的思考。她的情况象征着我们可能面对的最坏情况——当我们失去了能力却未曾清楚地表达自己的意愿时，我们的亲人们很难决定到底什么才是对我们最有利的。

看着她不断地遭受痛苦，我不禁回想起当病情确定不会好转时，那些成功地放手的病人和家属。在这类病人中，最令人难忘的就是阿里。

阿里年仅二十二岁，就拥有了年龄是他三倍大的人所拥有的沉着和智慧。他因腹痛而入院，本以为是阑尾炎，然而在手术中却被诊断为癌症晚期。每个人都大为震惊。他的外科医生已为人母，当她告诉阿里和他的父母自己束手无策时，显然在颤抖。

第一次与他们见面时我也很害怕，因为我很少给像阿里这么年轻的病人做治疗。我不知道自己能说些什么来安慰他们，但还是想说实话。我说，我们每个人都对阿里的诊断结果感到悲伤和困惑。他的病是不治之症，但我愿尽我所能，帮助他尽可能活得更长久一些。阿里不知所措，这是完全可以理解的，但他也很平静，而他的父母则镇定而敏锐地问了许多问题。我想，能得到他们的支持，阿里很幸运。

阿里开始了化疗，但不幸的是，并发症使他住进了医院。在七个月内第三次住院之后，他建议全家开个家庭会议，让父母和双胞胎妹妹都参加。我满怀着担忧之情召集了他们。我邀请了一位牧师关怀人员和一位姑息性治疗护士参与其中。作为医生，我很高兴能邀请到这些能干的人。只要病人和家属们提出了问题，他们就会帮助其展开困难的对话。

阿里本来是应该去上大学的，要面对的仅仅是该学什么学科、在当地图书馆该待几个小时等这些问题。可事实截然不同，他正面临着死亡的威胁。在他的祖父母仍然能打高尔夫球的时候，这么年轻的人如何能向命运妥协呢？他又如何能够好好地回顾自己的人生，并说自己已经活够了呢？

正如我所发现的那样，阿里一直在阅读资料、思考并与人谈论他的病情及其带来的影响。我敬佩地看着他干练地接受了这一切，他承认情况非常严峻，我们每个人都需要公开地谈论它。

他告诉我们，他不想再进一步治疗自己的绝症了，因为这影响了他的生活质量。对于不能在未来陪伴自己的家人，他感到很难过，但热切地希望能充分地把握好自己的时间。他相信，好好度过最后的日子可以减少自己的遗憾，为家人留下可供珍惜的美好回忆。他想要做的事情包括和父亲一起去钓鱼，和兄弟姐妹一起开个卡拉OK派对，以及和妈妈一起烤他最喜欢的蛋糕。

在那之前，我曾参加过上百场会议，但是很少有这样的会议：我坐在后排，思考着年轻人本不可能拥有的勇气与镇定。我知道，其他的医护人员们也在强忍着眼泪倾听这场会议。

我本来为会议上的气氛担忧。我想，如果看到大家都很悲伤，甚至若是出现更糟糕的情况，即大家关于护理方向有了分歧，那么这将会是一场悲剧。然而阿里说话的方式谨慎又坚定，实际上缓和了大家沉重的情绪，并成功地激励了全家人帮他实现他的愿望。

没有人试图劝阻他，相反，大家关注的焦点转向了让他出院去做他想做的事情上。我们每个人都努力让阿里最后的日子变得有意义，而能成为其中一员，是一件美好的事。他对死亡的接受力让我们能够轻松地和他进行坦率地交谈，而且还允许一些医护人员向他表达钦佩之情，并与他告别。

阿里搬回了自己家并接受了姑息性治疗，他的母亲一直与医院保持着联系。我听说他实现了自己的第一个愿望，然后又开始进行第二项计划了。对激进的治疗的拒绝，让他不必忍受它带来的痛苦。他之前常常提醒家人：让他回家，家是他最爱的地方。

姑息性治疗小组做得非常棒，他们对阿里关怀备至，而且通过赞扬家人们对阿里的无私奉献鼓舞了大家的斗志。阿里的家庭医生在他还是个孩子的时候就认识他了——她也抑制了自己的悲伤，全身心地帮助他。

阿里的母亲说，虽然没有父母能想象失去一个孩子的痛苦，但真正打动她的，是整个家庭在痛苦中仍坚持不懈。

她说曾经有几次，当他们一大家子团聚在一起的时候，几乎都要忘记了阿里即将死去的事实。当许多沉浸于悲伤情绪中的家庭，在面对死亡仍挣扎着维持正常的表象时，我很想知道成员们是怎样做到这一点的？她承认，他们无法避免地会不时地谈论阿里可能看不见的事，包括双胞胎的毕业、父母的金婚纪念日或者下一次的家庭聚会等，但大多数情况下，他们是在享受当下。

她说起了整个家庭的坚忍和努力，还提到了他们与绝望相伴随的理应让阿里安然离去的决心。她的话就如同一记重拳，击中了我的心，因为它们又重新唤起了我的遗憾。但我很荣幸地看到，任何年龄段的人都能为了好好地和世界告别而努力。

因为自身的态度和家人的帮助，阿里享受了几个月的美好生活。在那之后的两周里，他的健康状况逐渐恶化。随着他变得越来越虚弱，与他有关的各种活动也放慢了节奏。访客人数被友好地限制了，家人们更加团结一致。他们在他的床边安静地为他守夜、温柔地低语、轻缓地挪步。阿里和家人们直到最后都很勇敢，互相提醒着对方感激他们曾在一起度过的时光。

我们谁也不是生来就知道如何放手的，但阿里的家人学会了这一点。当阿里咽下最后一口气时，全家都陪在他的身边。他们一开始就知道，阿里的去世会在他们的生活中留下一个空洞。他们带着团结、宽容和爱，像对待他的生命一样面对他的死亡。

阿里去世后不久，我偶然读到了一句佛教偈语，它完美地总结了我难以忘记的关于阿里和他家人的经历："到了最后，只有三件事最重要——你爱得有多么深刻，活得有多么温柔，以及对于无意义的事情放手的姿态有多么优雅。"

第三部分

对病人及其家属的建议

我们因为给予而有所收获。

——圣方济各

（Francis of Assisi，天主教方济各会创始人）

学医之人的目的是，希望对世界做出改变并了解综合护理的需求，然而他们也会对医学的不断发展感到失望。大量的文书工作和授权申请事宜影响了我照顾病人的能力。虽然提供足量的文件是必需的，但当它凌驾于实际护理工作之上的时候，问题也就随即产生。没有什么会比与病人谈话、了解他们的处境与动机这些事更为重要。然而，令许多医疗行业的从业人员日益感到沮丧的是，原本用于进行这些工作的时间现在却被各种为了满足官僚主义要求的表格占用了。

这一问题在一些关照临终病人的机构中表现得尤为明显。通常在医院或者疗养院，病人的死亡率高达百分之八十。护理临终病人最重要的一个方面是，给予他们关怀和安慰，提供身体抚触和情感寄托，然而即使在病人生命的这一阶段，医生们还需要记笔记、填表格、核对清单。因此，他们留给病人甚至自己家庭的时间少之又少。所有这一切,让死亡这件事越来越无法像过去那样成为"公共事件",反而凸显了这一经历的孤独感。

对于那些住院病人来说,医生和护士的换岗是无可避免的。一个普普通通的病人可能会遇到几十个不同的医护人员,却根本不清楚他们是谁、具体是负责哪些事宜。在家中去世的病人的经历各不相同,取决于他们是否能获得实际的帮助和专业的知识。即使是准备最充分的病人和最有动力的家庭,也仍然需要他人的帮助才能度过他们人生中最困难的时期。

治疗绝症病人的经历让我对病人和亲人在面对疾病时的无能为力感同身受。他们特别害怕做错什么?他们能成为足够坚强的支持者吗?全家该如何熬过这个过程呢?悲伤也是可以的吗?他们又该让朋友们帮着做些什么呢?

多年以来,类似的谈话加深了我对于死亡的理解,也让我懂得了:向他人学习,能够使我们自信地去帮助那些不久将别于人世的人。

接下来的部分,包含了一些给病人及其家属的建议。这旨在告诉他们该如何相互帮助才能好好地和这个世界告别。

处理好家庭内部的矛盾

如果你想改变世界，请回家爱你的家人。

——特蕾莎修女

（Mother Teresa，天主教慈善工作者）

乔西普和玛尔塔已七十有余，他们结婚已有五十年。他们在五岁时就相遇了，在彼此的记忆中，他们无时无刻不是相互陪伴的。婚后，他们有了一个儿子，但玛尔塔的怀孕过程实在太艰难了，所以她无法按照自己设想的那样来抚养他。不过他们的儿子很优秀，正如同他们所期望的那样。

就在玛尔塔从教师岗位退休的那个月里，她成了我的病人。她那时已经病了好几周了，但直到她的呼吸变得越来越困难时，才前来就医。当时她被送回了家，但很快就感觉更糟糕了。这一次，她被诊断为癌症晚期并住进了病房。我计划第二天去看她，但一位忧心忡忡的实习医生催促我早一点前去。

那天晚上，我去探望了玛尔塔，她躺在床上，看起来很疲惫。她吃力地呼吸着，脸色苍白，浑身都被汗浸湿了。她已经好几天都寝食难安了，我见到她的第一个想法就是，她也许会在这个晚上去世。我默默地在心里表扬了那位实习医生，然后，在一位富有洞察力的护士的帮助下，开始为玛尔塔缓解痛苦。我们一起帮她注射了吗啡，当药物生效的时候，玛尔塔看起来轻松了一些。但在回家之前，我做了一件令人痛心的事——我告诉玛尔塔和乔西普，玛尔塔可能活不了多久了。玛尔塔点了点头，她已经病得说不出话来了。乔西普垂头丧气地恳求我尽最大的努力去救她。我感觉到了他们没有问出口的问题，也许他们怀疑我们耽误了她的治疗时机。于是我如实地告诉他们，即使两周前的诊断准确，也只会带来一些心理方面的益处，并不能改变她的生死。我知道，在病人死后的很长一段时间里，这个问题会一直折磨着她的家人。

四十八小时之后，玛尔塔好了一些。虽然吗啡缓解了她的呼吸问题，让她能够说话，但她的病情仍然危急，不适合接受除了支助措施之外的任何治疗。

在这个现代药物和技术能使一些患者存活多年的时代里，一些人当听到自己不适合接受任何治疗的消息时，也许会十分困惑。但玛尔塔已经评估了自己的状况，并得出自己即将去世，而且虚弱得无法回家的结论。

在接下来的几天里，我注意到乔西普一直待在妻子的床边守夜，只是偶尔抽空回家洗澡和换衣服。因为连续多个夜晚都是睡在坚硬的椅子上的，所以他感到身体不适。看到他日渐憔悴的脸色，我非常为他担心。然而，坏消息有时会带来探访者，我见到了许多玛尔塔的朋友，却从来没有见过她的儿子。我一直很希望能代表这对沉默寡言的父母向他问一些问题。

"他总有一天会来的。"在玛尔塔打瞌睡时，乔西普将信将疑地说，我听出了他声音里的紧张。

那个周末，我悄悄地走进病房去看玛尔塔，看她注射的吗啡是否需要调整，以达到缓解症状和保持镇静的平衡。当听到她说觉得舒服而且被照顾得很周到时，我感到很高兴。这时，乔西普看起来憔悴又困倦，他不好意思地承认自己是靠着吃罐头食品来维生的。

他之前讲过的话让我很好奇，不知道能不能看到他们的儿子来帮忙，不过我也不想探询别人的家事。也许乔西普已经无计可施了，因为他接下来提出的问题是他是否能去看看心理医生。他的请求令我很吃惊，于是我告诉他我可以找一位牧师来，但是他还需联系他的家庭医生以获得更多的帮助。

"每个人都对我们这么好。"他说。

"那是因为你们很好照顾呀！"刚走进房间的护士微笑着说。

她的话让他彻底放下了戒备。他开始泪流不止，然后从钱包里拿出了一封折好的信递给我。当我从中读到他儿子写了一些批评乔西普不关心玛尔塔，而且说他在医院里惺惺作态的尖酸的话语时，我不由得睁大了眼睛。那位儿子自称憎恨自己的父亲，并断然指责正是他造成了母亲即将去世的悲剧。信中的尖刻言辞令我目瞪口呆。

就在我读这封信时，乔西普羞愧地哭了起来。

玛尔塔半醒着，触碰到了乔西普的手。"他很生气，但又不知道该怎么办。"她百感交集，激动得说不出话来，不过我和护士都能感觉到，她还有更多的话要说。

我们听说，他们的儿子由于婚姻破裂而变得对亲密关系极不信任，并开始滥用药物。他对于母亲生病的消息反应冷淡，也不愿意来医院看望她。自从玛尔塔被诊断出患有癌症以来，乔西普和儿子便再没说过话。乔西普透露，他很害怕玛尔塔的离世会带来什么后续影响。

我无力地捏着那封信，真希望乔西普把它撕掉。我常常目睹那些由于口无遮拦的说话方式造成的争吵，但在玛尔塔垂死之际，她的儿子的话语造成的痛苦是根本无药可医的。

玛尔塔被儿子的行为深深地伤害了，但她意识到自己已经没有时间去帮他改变了，于是决心让他记住，她是一位爱他到最后的母亲。玛尔塔的病情迅速恶化，在她生命的最后几天，她做出了一个重大的决定：拒绝爱子的探望，仅让老伴作陪。

我几乎无法想象她心里的伤口会有多深。令人痛心的是，玛尔塔被剥夺了本应享受美好人生终点的机会，而乔西普和儿子则失去了和解的机会。不过那些十分了解他们情况的人认为，玛尔塔的行为是明智的。

乔西普与我长谈了一番，我们谈到了在亲人临终时体会到的悲伤、遗憾和无数其他的情感。这些情感是复杂的、强烈的且事先又根本预想不到的。通常，我们的目标是保护孩子，避免其遭遇情感创伤，但对于成年人来说，这场动乱也可能会令人深感不安。

我的工作让我既能接触到表现最好的悲伤家庭，也能接触到表现最差的家庭。我了解到，即使是在最罕见的情况下，和解也是有希望的，但这必须从一种基本的信念开始，那就是我们要用有限的时间来处理那些对我们来说重要的关系。我曾目睹一通电话、一个拥抱、一个道歉带来的变革性效应，也曾见证一封发自内心的信、一份小礼物改变了整个局面的故事。即便只是迈出让你感觉最安全的那一步，局面也能有所改观。

当时间所剩无几的时候，能够帮你开启一场重要的谈话的合适人选就是牧师、社会工作者和顾问们。我极力建议病人的家属向他们寻求服务。寻求和解的道路上，困难重重，但这绝不能阻止我们迈出至关重要的第一步。

虽然当身体情况恶化的时候，我们往往会感到无助，但仍然可以控制一些事情。

家庭会议是一个很好的方式，能够解决对许多家庭成员来说都很重要的问题，而且，这样一来，家庭成员们也可以共享信息。会议也可以邀请一位局外人来主持，如朋友或专业人士，以确保它能达到家庭成员们想要的目的。

即使是最亲密的家庭，也有一些能够引起巨大的变动的事情，如以何种方式照料临终父母，这个话题常常会引发分歧。一些家庭成员能够接受观念上的细微的不同，但强烈的反对意见和意识形态上的差异可能会让临终关怀骤然偏离正常的轨道。求助专业的法律人员或者寻求国家的监护，既费时往往又不切实际。事实上，当重要的利益相关者无法达成一致意见时，支持继续治疗的一方往往会让亲人滥用药物，直到达成一致的意见。

避免这种情况发生的一种方法是设立一个预先的护理指令，这被称为"生前预嘱"。我们被记录下来的指示和愿望将行使我们的个人权利并被法律所认可，能够解决大多数的分歧。人们往往担心专业医护人员们可能不会尊重这些预嘱，那就请确保你的预嘱写得严谨，并且有人见证。但我必须指出，其实真正的问题是绝大多数人根本从未想过自己的死亡，也从来没有记下自己的愿望。好在如今医护人员们越来越愿意深入了解病人们的愿望了，而且会尽一切努力尊重他们。所以，如果我们曾经想过避免那种由医疗决定的命运，如长期住在重症监护病房，徒劳地尝试心肺复苏，接受人造营养剂或者其他不该接受的干预措施，那么必须采取下一步措施让别人知道我们的选择。

还有一种不太正式的生前预嘱，是指派一位决策代理人在我们无法行事的时候替我们表达意愿。不过，这就意味着要让他们清楚地知晓我们想要什么。让别人猜测我们内心关于死亡的想法，还要代表我们做出重大的决定，是非常困难的，也是难以实现的。

要想好好地和世界告别，不仅需要照顾好自己，还需要为我们的亲人着想。我在年幼的时候就失去了祖母。我和祖母的谈话从来都停留在下次我去看她时她能为我做什么美味的食物这个话题上。我最后一次见到她的时候，并没有完全理解最后一次探望她意味着什么，但我能感觉到空气里的异样情感环绕在我周围。

由于我如今已为人父母，我的母亲也成为外祖母，所以我能理解那时房间里笼罩的悲伤情绪了。我的祖母一言不发地把两个小金珠子塞在我手里，后来我母亲又将它们做成了耳环。如今已过去了三十多年，它们虽然有些弯曲，但仍然闪闪发亮。我对它们怀有一种喜爱之情，却很少对其他物品有这种感情，而且我期待着将它们传给我的女儿。这对耳环是一种载体，提醒着我的过去，同时也是对我祖母的一种致敬。由于她从未完成过学业，所以为所有的孙辈都感到骄傲。

社会不会教导我们如何悲伤，而那些还没有经验的人认为，悲伤是一个线性的过程。但我已经看到，悲伤的各个阶段是如何分崩离析而陷入混乱的。此外，悲伤没有时间的限制，因此当它无可避免地来到我们面前时，降低我们自己应对悲伤的期望是多么重要。

但我们可以希望自己能够靠着机敏审时度势，带着同情回应他人，具备勇气能够勇敢放手，从而得到机会，顺利度过这一切。

关于经历悲伤的过程，诗人鲁米（Rumi）描述得最贴切：我们自带奇迹，却四处外寻。

友谊与悲伤

如果你有一个真正的朋友,那么你所得到的远比你与其分享的多。

——托马斯·富勒

（Thomas Fuller，英国学者、布道师）

在过去的六年中,乔茜已经变成候诊室里的一位常客。她的健康状况经历了许多起伏,现在已经彻底恶化了。在她被诊断出癌症脑转移之后,我就知道她的治疗快要到尽头了,所以跟她打招呼的时候心情也十分沉重。

这是她第一次坐在轮椅上。她看上去既瘦弱又疲倦,但脸上一直保持着微笑。乔茜一向对万事都心存感激,即使只是看到冬日清晨的太阳,或者在诊所就诊没被延误这样的小事。

我突然意识到,这些年来,一直是同一位女士陪着乔茜就诊,她会陪乔茜到我的门口,但从来没有进来过。

"那是谁呀?"有一天我好奇地问道。

"哦,那是瑞伊,我最好的朋友。"

我听到过很多关于友谊的暖心故事,但总是想再多听一些。

在填写一份冗长的保险表格时，我请乔茜再多告诉我一些关于瑞伊的事情。

她告诉我，她们是在各自家庭中的头生子上学第一天认识彼此的。当她们的孩子进学校之后，两位流泪不舍的母亲决定去散散步。

她们就这样一路陪伴着彼此走了下来。她们的孩子从十八岁长到二十一岁，然后又长到三十岁，而这两位朋友的关系一直很亲密。

说到这里，我也回忆起了自己在孩子们的小学遇到其他父母的经历。我们的许多谈话都很简短，而且双方的关系也都仅仅是礼尚往来而已。我们在田径比赛和烧烤大会上见过面，但实在很难想象，成年人的友谊能持续得比孩子们在一起的时间更久。我对乔茜惊叹道，在学校门口开始的一段友谊，居然能在几十年后还仍然存在。这实在称得上是她们彼此性格相投的一种证明。听到我的赞赏，她笑了起来。

几年前乔茜的丈夫去世了，两个女儿住得离她很近，常常照顾她的饮食起居，而瑞伊则承担起了医疗方面的事情。听到这里，我鼓励乔茜带瑞伊一起来就诊。

一个好朋友本就是无价之宝，当你需要他的时候，他就变得比任何时候都更加宝贵。通过乔茜的描述，我很喜欢瑞伊，但随着我对她的进一步了解，她留给我的印象就更深刻了。

随着乔茜记忆力的衰退，她依靠瑞伊来记住自己的问题、转达对女儿们的关心，而且瑞伊有一种罕见的诀窍，那就是从不会让自己看起来比作为乔茜的好朋友更重要或更可靠。当乔茜开始出现表达困难的时候，瑞伊从不会插嘴或打断她的话，而是让她继续说；当乔茜感觉身体不错的时候，瑞伊会敦促她走路；而当她看上去疲倦的时候，瑞伊就坚持用轮椅推着她。到了乔茜最终决定不再来诊所的那一天，瑞伊缓和了低沉的气氛，提议她们多花点时间去海边转转。这让乔茜很开心。乔茜最后一次就诊时，我祝她好运，并告诉她我会想念她的。同时，我也对瑞伊表达了钦佩之情，而她只是简单地回答说："如果生病的是我，那么她也一定会这么做的。"

在乔茜最后的日子里，瑞伊一直陪在她身边。瑞伊不仅为乔茜带来了安宁，而且还知道她想要什么。同时，瑞伊也是乔茜女儿们的支柱，因为她，她们才能自信地成长起来。

我很荣幸地见证了深厚的友谊是如何自然而然地在患者生命的尽头发挥作用的。但对我来说，更常见的是熟人和朋友们想要帮忙，却不知该如何帮起。因为他们害怕在这样敏感的时期说了不恰当的话，或者做了不正确的事，而且担心给出的建议会被误解，所以犹豫着不敢说。

同时，大多数患者会感激别人的帮助，但又讨厌成为别人的负担。因为我们从内心深处珍视自己的尊严和独立性。

正是我的好朋友乔伊教会了我如何去帮助一个不是自己亲密朋友或亲戚的人。

当乔伊的同事伊芙突然被诊断出患了一种严重的疾病时，她的同事们都在想该如何帮助她。乔伊提出放学后帮着接伊芙的孩子，给他们做晚餐，监督他们做功课，然后再把他们送回家。伊芙和丈夫因为就诊的事情忙得焦头烂额，所以很欢迎乔伊帮他们。这令他们如释重负，于是乔伊变成了他们一家的支柱。这种安排实行了几个月之后，伊芙的情况变得更糟糕了。

在和伊芙一家商量之后，乔伊帮的忙更多了。在伊芙不得不忍受频繁住院时，乔伊会让伊芙的孩子们在自己家里睡上几晚，好度过这段最动荡不安的日子。我确信乔伊的家是孩子们的绿洲，但很想知道她自己的丈夫和孩子们会有何反应。

她告诉我，他们已经同意了，认为自己有足够的条件和善意去帮助别人，不过，如果情况变得不允许的话，那么他们也会重新考虑的。但考虑到他们的韧性和慷慨，这种情况根本不会发生。乔伊告诉我，他们夫妇会定期询问伊芙的情况，但从来没有影响到孩子们，而是让他们去过自己需要的正常生活。我被她在情感方面的成熟所打动。

伊芙的病情不断地恶化，她在确诊后不到一年的时间就去世了。从乔伊面对这种情况的反应中，我又学到了一些东西。她承认，作为一个非医护人员，她并没有真正理解伊芙的病有什么细微的变化，而且也不需要了解的比被告知的更多。后来证明她的话是很有预见性的，因为伊芙对自己的命运感到很痛苦，无法接受自己病情的恶化。因此，她疏远了别人，包括帮助她的人们。

尽管乔伊的慷慨几乎没有得到明确地肯定，但她还是认真地发挥着自己的作用，从未评判过别人，而是全身心地关注伊芙的孩子们的幸福。这让我无法不佩服。她也有全职工作，但从来没有过度表达自己的重要性。

她的行为展现出了精湛的平衡能力，而且她表现得非常出色。正如她所解释的那样，她只是在一场巨大的悲剧中扮演了一个谦逊的角色，只是想尽自己的全力去帮助伊芙。整个社会都会因为有像她这样的人而变得丰富多彩。

我们都会在某一时刻发现自己的生活与那些正在经受疾病折磨的朋友和熟人的生活交织在一起。虽然有些人能惜福常乐，但也有许多人会哀叹，那些不被接受的意见、不受欢迎的打扰和一些固有观念在逐渐侵蚀友谊。实际上，大多数人都想成为病人或临终病人的好朋友，但却从来没有人教他们该怎么做。

这里有一些许多人都比较认可的建议。

以病人需要的方式陪在他们身边

死亡也许会在几天或几周之内发生，也可能缓慢而无情地逼近。对病人来说，这个生命阶段也许是一个进行内省、思想碰撞和不自觉地忧虑的时段。对于病人的朋友们来说，迅速地死亡可能会令人震惊，但缓慢的死亡却会引发许多问题和内部冲突。

我们可能并不知道所有的能够安慰临终病人或我们自己的方法，但只要陪在他们身边，就已经是最重要的善行了。一百封散乱的短信和邮件所带来的安慰与某个人出现在身边并说着"听到你生病的消息我很难过，但我会陪着你"相比，会立刻变得无足轻重。

我们通常会担心自己将善意强加给不熟悉的人，但我们中的大多数人会孤独地离世，而不是在祝福者的围绕中离世。有些人虽然在与身体上的痛苦做斗争，但在情感方面并未失去和他人交流的渴望，然而他很难独自实现这一愿望。就连我病情严重的病人们，也总是在担心自己无法回报友谊和善意。让他们真正感激的事情，不是开放式的帮助，如"让我知道你是否需要什么东西"，而是更加坚定的一句"我想见你，但只有你愿意，我才会陪在你身边"。

最近我和一个身患绝症的朋友的见面证实了这一点。我带了午餐去看望她，而且很有信心不会待得太久。我忘记了她现在有多么容易疲倦，当她不得不让我离开的时候，我感到很羞愧。我为自己缺乏敏感性而觉得尴尬，并责备自己，以为她根本就不想我过去看望她。但是那天晚上她给我发了一封电子邮件，写道她非常喜欢我去看望她，还问我是否会再去。我发现，尽管她的精力大不如前，但还是在努力维系我们之间的友谊。

疾病晚期的病人经常受到来自医护人员、护理人员和完全陌生的人的问题轰炸。然而好朋友却不会这样做，反而会诉诸简单陪伴的方法。

当我看到一位鳏夫在家努力照顾自己的时候，我问他，为什么不告诉许多关心他的邻居该如何帮他。他叹了口气说，他必须找到一些听起来很重要的事情才好开口，尽管他最大的愿望只是有人给他热热饭、读读报纸。

另一个非常有价值的支持是帮着做些家务琐事，因为这些事对任何人来说都避免不了。没有一种帮助是无关紧要的，仅仅是陪在他们身边，也能增进你们之间的理解。

愿意倾听

一位九十岁的病人曾经给过我一些令人难忘的建议。他说，在生命即将结束的时候，他想要的就是有人能倾听他说话。他不想拿自己的病情和其他人的做比较，也不想听谁讲幸存下来的故事。他不想听别人说他勇敢，也不想听他们说他会好起来。他并不害怕死亡，但在还活着的时候，他所渴望的只是能有人安静、随和地陪伴，并希望那个人能处理好衰老和虚弱引起的不可避免的悲伤情绪。当面对如何帮助临终的朋友这个问题时，这是一个我们都能用得上的建议。

组建一个团队

照顾一个生命即将结束的病人，即使是对于受过训练的人来说，也是很困难的。不管我们为之付出了多少心力和努力，这也并不是能由一个人来完成的任务。如果可能的话，无论在何地，我们都应该让其他人加入我们的生命旅程。

考虑自己的事情并不是自私的，而是明智的，如果我们建立了一个可以分配任务的团队，就可以更有效率地照顾彼此。不过，考虑到病人的实际需求也很重要。例如，我的许多病人在食欲不振的时候，就会在冰箱里塞满未吃完的食物，以至于不多吃点会让他们感到自己不懂感恩。但如果有人问他们的话，他们宁愿带着宠物散散步、让别人帮忙铺铺床，或者开车出去兜兜风，而不愿面对满冰箱的食物发愁。

我们应该让那些临终的病人相信，我们不会改变他们的生活，而且对我们来说，没有哪些工作是无足轻重的。如果我们能够成为一个旨在满足这些需求的朋友，就有机会成为对那些临终的病人来说有意义的人。

意识到这并不总是容易做到的事

即将失去一个朋友这件事是令人心碎的，但在一个人生命快要结束时照顾他，也会是我们一生中让我们有成就感的行为之一。虽然我们都渴望平静地离去，但每个人往往都会遭遇自信心危机。希望、沮丧、宽慰和焦虑这些情绪可能会一起反复出现，好朋友会明白这一点，而且会奋起迎接挑战。他们知道何时该支持我们的决定，何时又该保持沉默。朋友们必须找到方法来调整自己的情绪，处理好自己的恐惧和沮丧的心情，并提供自己的帮助。

不必去惧怕我们在照顾他们的过程中会面对的挑战，也无须高估一个朋友的死亡所带来的空虚和痛苦，当了解到自己会因为照顾他人而变得更加强大时，我们就能够接受自己的角色，从内心获得安慰。因为直到最后一刻，我们都会以那份友情为荣。

在工作和休息之间做好取舍

有时一天中最重要的事就是那一呼一吸间的小憩。

——艾提·海勒申

（Etty Hillesum，犹太裔作家）

许多被诊断出患有绝症的患者都面临着进退两难的困境。他们不会完全好起来，但是他们的预后情况也不会立即变差，统计数字并不能预测个体患者具体能活多长时间。

生病不仅会耗费大量钱财，还会给人带来压力。医疗费用在增长、贷款需要偿还、账单在不断增加，而家人仍然还得吃饭。对很多人来说，工作是必需的，但除了收入之外，工作还有另外一个目的。当我们的身份在多个方面受到挑战的时候，工作能够成为一个支柱，同事能够成为朋友和提供帮助的人。一个项目和最后完成的期限是受人欢迎的分散不良情绪的事物，能够让人们从生活的焦虑中解脱出来。与那些被自己的问题困扰的人进行交谈可以帮助我们认识到，我们并非唯一陷入困境的人。

在接到晚期癌症的诊断通知后，雅丝明所做的第一件事就是辞去办公室的工作。她因为各种事务而不堪重负，于是在第一次预约化疗的路上就提交了辞呈,说她不会再考虑重新回到工作岗位上了。

我很同情她,但希望她再等一等,或者先用一下她剩下的病假。事实证明,她并未像自己想象的那样很快就会死去,她的治疗起作用了,症状也得到了改善,尽管还需要更长时间的治疗。这给雅丝明留下了很多空闲的时间。她的丈夫拥有全职工作,孩子们已经长大成人了,于是雅丝明开始经历一件自己从未想过的事情——无聊。这导致她每天在网络聊天群耗上好几个小时,从而引发了严重的焦虑。

雅丝明是一名医疗接诊员,原本很享受自己的工作。她认为帮助其他病人能够让她在自己生病时也保持敏锐的视角,这一点我也同意。但她的工作岗位现在已经被人取代了,而且以她现在的情况也不可能再找到一份新的工作了。

她的病之所以被列为绝症,是因为无法被治愈,但现在她已经有了第二好的选择,那就是长期控制住病症。多亏了现代医学,使许多像雅丝明一样患有不治之症的人,可以活得更久、更好。他们的确生活在不确定的阴云之下,预期寿命也比健康人的要短一些,但他们仍然心存感激,因为疾病已经不像以前那样可以直接就宣判他们死刑了。

一位社会工作者帮助雅丝明在一个癌症患者锻炼小组内找到了一席之地。这鼓励她成为该组织的一位有资质的训练师。在被诊断出癌症后，雅丝明度过了七年的美好时光，其中有很大一部分原因应该是她找到了一个人生目标。

当发现不治之症所带来的最初恐慌开始减轻时，我经常和我的病人谈论工作。

我后来又想到了几个人，其中包括我的朋友鲍勃。他是一位教导问题青年的教师，分配给他的学生往往来自破裂的家庭，家里都很穷，而且有滥用药物的背景，也有的仅仅是运气差。鲍勃必须想出一个办法来鼓励每个孩子都能留在学校里。他告诉我，有时候这只是意味着给孩子买一双新鞋，这样他们就不会被嘲笑了，或者也可以让他们打一场篮球赛来发泄一下愤怒。他评论说，确保孩子的安全比让他们完成家庭作业更重要。这让我很受教育。

在鲍勃将要八十岁时，他的糖尿病慢慢地引起了晚期肾衰竭，这时他选择不接受透析。在被通知还有几个月的时间时，他说这已经足够他将工作交接给其他志愿者了。

我一直觉得鲍勃的工作很不容易，但是他愿意继续和他的学生在一起，即使到了需要处理自己的生死问题时也是如此。这让我十分感动。对他来说，死亡并不意味着放弃生命，他直到最后一刻都仍然坚持自己的人生目标。他的健康状况已经恶化了，但他知道，即使是一些小事情，如专心倾听学生的倾诉，减少他们之间的冲突和教导他们保持毅力，也是很重要的。帮助孩子是他对生命表达感激之情的方式。

我曾经担心他的工作压力会削弱他应对自己的处境的能力，但我发现，帮助别人是鲍勃进行自我照顾的一种形式。在他觉得茫然的日子里，只要去工作，他就能正确看待自己的问题。有时，忙于工作可以成为逃避处理一些重要事情的借口，但对鲍勃来说并非如此。他又工作了四个月，最后在一次愉快的告别会上移交了自己的重担。他的女儿搬进家来照顾他，后来他安详地在家里去世了，就如同他希望的那样。

雅丝明和鲍勃是想要工作并从中获得意义的人。但也有许多被诊断为绝症的人已经退休或不能、不适合继续工作了。在我那些比较年轻的重病患者中，有一位跨洲卡车司机没有足够的体力再去工作，一位校长无法拥有灵活的工作时间，一位机器操作员不服用吗啡就不能保证安全工作，还有一位首席执行官不能长期休病假。有些病人认为比起工作，还有些更为重要的事情要去做，其中的原因并不难理解。

此外，有些人原本需要更多的休息，但却发现自己日复一日地忙于应付医疗干预,毫无生活质量可言。一位需要做透析的病人因每天都需要待在医院的某个地方而筋疲力尽;另一位年轻的病人患有严重的心力衰竭,已经厌倦了每次住院都期盼着命运会发生逆转。对于他们疾病的关注中,缺少了关于接受死亡的谈话,也没有弄清他们想要如何度过剩下的时光。这些患者一旦遇到了姑息性护理团队,整个人的态度就会立马改变,他们不再施行无用的医疗程序,最终在家中离世。

当一个人被诊断出患有绝症时,平衡工作和休息的方式并不只有一种——这取决于许多考虑因素,主要看这个人的感觉良好与否。有些身体症状会很让人烦恼,如疼痛或疲劳会令病人无法工作。身体感觉良好而且精力充沛的人可能会选择继续工作,尤其是在一个灵活的工作环境中。偶尔也会有些身体明显不适的病人坚持工作到生命的最后一刻。他们可能会给同事带来不便,并且影响他们的亲人,剥夺这些人在自己离世前团聚的机会。这就是太过于在乎自我意识所造成的。

我们的工作是很重要的,但它无法掩盖我们内心对如何安然去世这个关于人类存在的难题的关心。要想找到我们生命的意义,必须通过沉思以及与照顾我们的人交流才能有所领悟。我从未遇到哪个临终的病人因为未努力工作或者没有多加班而难过，反而无数的病人都曾为友谊渐逝、爱情破裂、迷失自我而后悔。我们可以从那些从不让工作定义自己的人身上学到许多。

照顾患有痴呆的爱人

慈故能勇。

——老子

我的朋友金和我都考上了医学院，后来也在一起学习。在医学院期间，我们每周都要长途跋涉才能到达指定的实习医院。我们一直是好朋友，这种亲密关系既包容了我们的不同，也拉近了我们的距离。我们近来优先考虑的事情变成了子女们的生活，而不再是标本解剖。

我开玩笑地把我对金的忠诚友谊，归功于她母亲对我的慷慨帮助。我父母在国外，因此我从小就必须自给自足。我的大学生活十分忙碌，包括洗衣服、交房租、付账单等。我那时找了一份兼职工作，花销也从来没有超过预算，但最困难的事情是一个人做饭。我的书房藏书十分丰富，可是储藏室却空空如也。

金住在家里被父母照顾着，并且她的父母也给予了我同样的关怀。她的母亲是个护士，务实、能干，而且从不多嘴和八卦。我们初次见面的时候，她并没有问我吃什么、怎么生活。注意到她女儿繁忙的学业生活之后，她就把其他的事情都揽了下来。所以当我拜访他们家的时候，她把一大袋子食物塞到我的手里。我觉得有些不好意思，但她的举止如此自然，让我觉得很轻松，为此一直心存感激。

她好像觉得这还不够似的，在我和金交接夜班的时候，还会给我打包晚餐。

夜班通常会让人联想到被浪费的睡眠和突发事件，但有关夜班我难忘的记忆之一是我和金在忙碌的工作之余抽出时间，坐在明亮的月光下品尝她母亲的手艺。而对于这位母亲获得的回报，我虽未言语，却感激在心。

金和我毕业了，长大了，也经历了人生里其他重要的事情。我拜访她们的次数变少了，但常常带着她母亲做的菜肴离开，其中也包括为分娩后的我熬的补身体的汤。她从来没有停止过对我的关心，所以当我第一次听到她将要失智的消息时，感到十分震惊。

不久之后，我在一场婚礼上遇见了金的母亲。她那完美的脸庞和苗条的身材仍然清晰可辨，但当她对我微笑的时候，目光既遥远又陌生。我看着她丈夫护送她去了洗手间。我见过许多像她一样的病人，但之前从未想过，自己认识的人会很快患上痴呆。

我偶尔会去他们家，现在金的父亲担起了带头欢迎我并邀请我进门的角色。金的母亲常常在睡觉，或者静静地躺在椅子上休息。这与我学生时代那个从不远离灶台的忙碌的女人截然不同。现在她仍然会问起我的孩子们，但却不记得他们的出生顺序了。考虑到她并不常见到他们，所以这也并不太奇怪。

后来有一天，她连我都不认识了。无论是仔细地看我的脸，还是她丈夫微妙地暗示，都没法让她想起来。我当时感到很难过，最终她也没有给我任何食物。这标志着一个时代的结束。

在被诊断出患有痴呆之后，金和她父亲多年来一直将她母亲照顾得很好。我很荣幸，能够密切关注着金是如何应对她母亲患有痴呆的挑战的。

金很重视定期探望母亲的事，尽管她们很少有有意义的互动。金每周都会开车带父母去一个熟悉的地方吃午餐，因为她觉得熟悉的家庭仪式对他们来说是种安慰。虽然谈话并不是非常顺利，但我知道他们一家有多么期待这一天，因为当我见到她父亲的时候，他总是会提到这件事。金的母亲一直都因家里有一位医生而感到骄傲，但真正照亮她生命的是她女儿的存在。

她的家人原本希望在家里照顾她，但正如通常那样，现实并不总会符合人们的期望，金的母亲还是需要住院接受治疗。这时她正在经历情绪紊乱，本来很平静的情绪会突然变得极具攻击性，而且还会发表一些内容令人费解的抗议、指控和抗辩。痴呆无情地夺去了她原本的性格，带走了她一向被人称赞的耐心、温柔和善良。虽然面对着如此戏剧性的变化，但金从未改变过自己对母亲的敬爱之情，仍然每周都会去看望母亲。大部分的时候，金觉得母亲好像变成了一个陌生人，但她努力地把情况处理到最好，从来没有对母亲弃之不顾。

作为医生，我们都曾看到一些家庭成员因为痴呆患者不可预测的行为而感到尴尬或痛苦，也能理解为何有些亲人无法忍受探望他们的时刻。我最欣赏金的一点是她有种无言的决心，能够把病人和疾病区分开来，尽管痛苦不断增加，她却还是坚持去探望母亲。

后来，就好像这场悲剧还不够似的，金的母亲突然失去了说话的能力。她将在无法与人进行交流的状态下再活上许多年，这是她命运里灾难性的转折之一。她变得被动而更加顺从。有时候这种明显的恶化会加速病人的死亡，但这次却没有。金的母亲在这种无法识人的状态中生活了许多年，所以我心里十分难受。我怀着敬畏之情看着金度过了最艰难的时刻。在这段经历里，有两件事让我永远难以忘怀。

当生病的父母住院接受护理时，大家虽然不说出口，但都期待着家庭成员能够轮流提供一些额外的照顾，并能比花钱雇来的护工在医院多待上一会儿。尽管我们也许都盼着医疗设备能够满足亲人的需求，但现实却并非如此。虽然像食物、卫生和安全等基本需求能很好地得到满足，但大多数住院病人都是独自在那里度过无数个日日夜夜的。

金知道医疗设施的局限性，也知道她的母亲是脆弱的病人之一，因为母亲不能参加任何公共活动，也无法被志愿者们所逗笑。事实上，除了安静地坐着陪伴病人外，没有人能做其他的事。在这个时代里，一想到片刻的寂静，我们都会惊慌不已，更何况与一位失去了自我表达能力的病人坐上几个小时。这一定是难以忍受的事情之一，然而毫无疑问，金就是这样做的。让我感到惊奇的是她这样做并非出自义务，而是一种天生的自信，因为她想要记住自己母亲最后的样子。

有时，我会告诉金我在工作中遇到的家庭冲突，想知道如何才能帮助他们。她告诉我，她只有一个信条：尽最大的能力照顾自己的母亲，并把注意力集中在自己的行为上。当她每周带些小礼物，如一朵花，并且带着年幼的孩子们来探望她母亲的时候，我看到了这一点。虽然不知道母亲是否能够认出他们，但她还是希望孩子们拥有对外祖母的记忆。

我一直认为这是金最大的成就——她有能力做正确的事，不必担心别人的想法。这实际上为她赢得了摆脱家庭分歧的自由。正如奥斯卡·王尔德所说的："给予而不期待回报，才是爱的真谛。"

金的父亲每天都在妻子的床边，全身心地照顾着她。即使是对于年轻又对这个世界充满兴趣的人来说，这也是一份困难的工作，而他却优雅又投入地完成了它。他失去了一位爱人后渴望着能够再拥有一位配偶。在我心里，金第二个维持家庭平衡的微妙行为就是不拿想找另一位老伴这件事来评判父亲。不仅如此，当他父亲开始另一段关系的时候，她还支持他。她一定也曾感到矛盾，但又一次成熟地理解了人类的基本需求。她不会去反抗他的选择，相反，更关注在与父亲这段友善又相互理解的关系中，自己能够发挥什么影响。

几年前，金的母亲安然地去世了。大家为她举行了一个小型的私人葬礼，回忆了她曾经的活力，并为她的离去感到释然。在我看来，她的去世意味着我那段被她的慷慨所照亮的青年时光与我渐行渐远了。

她过世之后，又过了好几年，让我深受触动的是金的平静。我认为正是由于这种平静，她才能在动荡的日子里做出正确的举动。金总说自己并非英雄，也不卓越，只是顺应内心接受了母亲患病的事实，弄清了自己所能控制的事情，并且履行了自己的职责。她知道看待事情的方法不止一种。这能够让她避免冲突、保持冷静和沉着。

金并非生来就比我们其他人拥有更多的优点,但她母亲的痴呆迫使她不得不与新思想抗争。金决心活得睿智一些,成为孩子们的榜样。通过遵从自己的内心,她做到了这一点,而且在这个过程中还给我上了非常重要的一课,教会了我如何面对死亡而不失尊严。

帮助我们所爱的人舒适地离去

爱自分离始知深。

——卡里·纪伯伦

（Khalil Gibran，黎巴嫩文学家、画家）

病人家属心里正在酝酿一种抱怨情绪，而护士想让我把它扼杀在摇篮里。于是在一个周末的早晨，我就和塔拉坐在了一起，她是疗养院里一位肺炎患者的孙女。

塔拉看上去三十左右。她的祖父已经一百岁了。每年我都会遇到一两位百岁老人，并向来都对他们怀有敬畏之心，因为我很好奇他们一生中经历的一切。

塔拉看上去很疲倦，眼睛周围有黑眼圈。从她皱巴巴的衣服可以看出昨晚她为祖父陪夜了。这对任何人来说都不是一件容易的事情，我被她的体贴感动了。她祖父看上去神志并不清醒。他的呼吸缓慢，不过表情很平静，而且他半躺在两个枕头上看起来很舒服。

不过，塔拉宣称值夜班的护士很糟糕，没有给祖父注射足量的吗啡。我感到很难过，因为任何亲属都不该在病人临终时还要为护理不足而担心。

"我们当然不想让他痛苦,"我安慰她,"他现在舒服吗?"

"是的,但如果还是同一位护士来值班的话,那我很担心今晚的情况。"

病人无论是在跌倒后、骨折后还是到了生命的尽头,减轻疼痛这件事都应该被认真地对待。

我很困惑,因为我知道那位护士很有经验,而且是我亲自安排她去照顾临终病人的。我让塔拉放心,告诉她我会处理这件事的,然后就开始琢磨当护士来找我时,下一步该怎么办。她并不知道有人投诉了她,但是看起来很沮丧,并且针对昨晚的经历向我寻求建议。

她讲述了一个昏迷中的老人的故事:他的孙女希望能给他多用些吗啡,但其实预先安排的其他药物会更适合病人的情况。然而他的孙女却指控她不照顾病人,让她内心有些动摇。

"你认为塔拉为什么不高兴呢?"我温柔地问道。

"她想要尽快结束这一切。我知道她是什么感受,因为最近我也为母亲守夜了,还以为母亲的死亡永远都不会到来。但我绝不会剥夺别人缓解痛苦的权利。"

当我检查记录时,发现患者在适当的时间间隔注射了吗啡和其他药物，而且其他报告也显示病人一直很舒适。他在那天晚些时候去世了，我随后给塔拉打了电话，向她表达了哀悼之情，并且安排了一次会议来讨论她的申诉，但她对此已经没兴趣了。

"可能护士是对的吧。但是我累了，不想再去想它了。"

也许塔拉已经走出了阴影，但我却看到了投诉给护士带来的影响，在随后的几个月里，她的信心一直在动摇。在病人临终时被投诉疏于照顾，无论于公于私都是一件很严重的事情，然而真正的问题并不在于没有使用吗啡。事实上，塔拉从来没有近距离地见过死亡，也不知道自己应该如何应对。这是医护人员们遇到的一个越来越普遍的问题。

然而，就在第二个星期，有两个兄弟在为临终的父亲陪床两天后抱怨了起来。这才是一次真正麻烦的投诉。他们的父亲已经神志不清了，但由于他们与护理人员缺乏沟通，以及周末之后病情跟进不良，注射吗啡的计划一直没有开始。

我先是为他们的遭遇道歉，然后向他们保证，马上就会施行适当的疼痛缓解措施。输液开始后，一位实习医生和一名初级护士被点名对此负有责任，因为他们越权做了超出专业范围的事情，但那对兄弟对此很满意。事实上，他们强调自己的出发点是为了帮助其他病人避免遭受类似的痛苦。对于他们的好心和宽容，我们都印象深刻。

这两件事情告诉我，由于期待、理解和沟通的原因，临终关怀可能会遇到一些困难。我们可以坚定地为临终的病人进行辩护，但也应该接受自己不可能永远止确这个事实。亲人的死亡是一个人生命中紧张的时刻之一，丧亲之痛会引发复杂的情绪。控制自己的情绪并接受死亡的现实，往往正是让亲人们安然离去的关键所在。

塔拉的祖父实际上得到了很好的临终关怀，但她需要一种更好的对于死亡过程的解释。那对兄弟对于得到更好的护理的要求及对于现状的不接受的态度也是正确的。有时也许亲人们无法言说，因此，医疗系统必须有更好的能力来预测临终关怀妥善进行中所出现的问题。

在绝症病程早期就让自己熟悉姑息性护理服务，是帮助我们自己和亲人们安然去世的一种方法。姑息性治疗能够缓解症状，维护健康的情绪状态，不会加速死亡。此外，它还能提高病人余生的生活质量和临终体验质量。在某些情况下，细致周到的姑息性护理甚至还能够延长患者的生命。有研究显示，经历亲人安然死亡的过程，能够减少家庭成员们的即时焦虑和压力，并影响他们对自己的死亡的看法。

阻碍姑息性治疗的因素不仅包括缺乏获得这种治疗的机会，也包括人们的一种感觉：采取姑息性治疗就意味着放弃。在有些地方，姑息性治疗被认为是最后的办法，因此人们往往很晚才会求助于它。但当我们接受了自己是凡夫俗子这个观念，更关注对自己来说重要的事情时，姑息性治疗就能够发挥很大的作用。我必须指出，姑息性治疗并不能满足每一个病人的期望，但如果我们想要和世界好好地告别的话，那么首先必须做到诚实和学会反省，并相信死得安然与活得幸福同样重要。

我经常会遇到一些三四十岁的成年人，他们之前从未经历过亲人的去世，于是初次见证死亡时会感到十分恐惧。悲伤、内疚和无助造成的冲突都是人之常情，但是如果我们从未想过死亡这件事，就无法着重考虑临终者的需求。

当我还是一名学生的时候，目睹了亲人由于分歧使病人的死亡变得更糟。我常常会产生为什么医生们不站出来掌控全局的疑问。随着时间的流逝，我意识到如果没有病人或者家属的同意，那这实际上是不可能的。

医学干预的势头如此之大，以至于哪怕有一点犹豫都有可能阻碍临终关怀。常见的例子包括停止使用抗生素、制止胸部按压，以及停止注射人工营养剂。

我能记起许多案例：以情感而不是事实为导向做出的决定不但没有延长病人的生存时间，反而破坏了病人接受安然死亡的可能性。安然死亡越来越需要各方团结起来一起努力。我们有义务帮助那些需要依赖我们的人。

扮演好协助亲人去世的角色

安乐死，或者叫作"自愿辅助死亡"（voluntary assisted death），近日来经常出现在新闻里，而且现在正是谈论它的合适时间。因为对于一些人来说，良好的死亡也许需要别人的协助才能实现。

辅助死亡在许多国际司法管辖区都是合法的。例如，在澳大利亚的维多利亚州，相关法律从2019年6月开始生效。

当病人要求获得辅助死亡时，必须满足的具体要求是非常严格的，从广义上讲，病人必须被多位专家认定患有一种不可治愈的、晚期的、进行性的疾病，而且疾病不可避免地即将导致其死亡。在维多利亚州，如果要求进行辅助死亡，那么病人必须年满十八周岁，并且具有自己做决策的能力才行。只患有精神疾病或残疾的人是不具备申请资格的，患者必须满足所有条件才能进行申请。没有条例允许病人提前做出进行辅助死亡的指示，而且任何人都不能代表病人提出请求。

一旦获得批准，病人就会被给予能够导致镇静、瘫痪和死亡的药物。这个过程通常是快速并且无痛的。在某些地区，病人必须自行吞服药物。在另一些地区则允许助手帮其进行口服，或者由医生注射致死药物。在某些情况下，辅助死亡可以在家里通过设备来进行。

有关辅助死亡的讨论无论在哪里都很激烈。对其倡导者来说，辅助死亡意味着结束那些与死亡和濒死有关的痛苦。它尊重个人的尊严，能避免与延迟注定到来的死亡伴随而来的挣扎。迄今为止的证据都表明，大多数获批使用此类药物的病人并不会使用它们，而是将其作为一种安全保障，如果痛苦变得难以忍受的话，便选择以此来结束生命。

对其批评者来说，辅助死亡带来了道德和实际操作两方面的挑战。故意结束生命是正确的吗？谁来断定生命不值得持续下去？那些感觉自己像个累赘的病人会不会是被迫选择死亡的呢？医生们如何能够既忠诚地拯救生命，又忠诚地去结束它呢？

就其核心而言，辅助死亡向我们提出了两个疑问：我们赋予了生命何种意义？我们所认为的有意义的生活所指为何？

作为一个职业生涯围绕着死亡主题展开的人，我非常乐意帮

助人们实现更好的、恐惧更少的死亡，也认为辅助死亡是实现这个
目标的一个组成部分。不过，我也要提出以下几点意见。

绝大多数患者都会害怕与死亡相关的症状，特别是疼痛、恶
心、神志不清和疲劳。他们会为丧失独立和尊严而感到悲哀。许
多人不敢公开讨论死亡这件事，甚至全然不去思考它。他们对于
死亡的那些糟糕的想象增添了他们所听说的死亡的神秘性，使他
们陷入令人焦虑的旋涡之中。最最重要的是，这样的人需要安慰
和安定。姑息性治疗并不能消除所有症状，也极少能够消除所有
存在的痛苦，而且在某些人身上无法达到其目标。但它通过多种
方法，帮助更多的人拥有了更好的死亡。

在我从事肿瘤医师工作的这些年里，每天都有人恳求我延长
他们的生命，却很少有人要求结束生命。对于那些患上罕见病的
病人来说，生活已经变得毫无价值，然而让我无可奈何的是，很多
其他人面对着恶化的身体状况和令人无法接受的现实，会表达出
对生命的强烈向往，即使付出再多也在所不惜。

年纪的增长帮助我理解到，那些健康的人是不适合去评判重
病患者的人生的。对于我那些病入膏肓的患者来说，他们的生活
也许已经空空如也了。只是坐在花园里看着人们经过，或者接受
孙辈的拜访，就是他们满足感的重要来源。而我最年轻的病人还

没有料想过早逝这件事，面对着绝症带来的痛苦，仍然执着于家庭的怀抱和家常菜肴的香味。一些患者将充分的认知和身体能力看作是美好生活的先决条件，也有很多患者会将其调整到更适度的期望值。

因为我对自己的所学十分敬畏，所以不再去猜测，而总是问病人："生活对你来说意味着什么？"

辅助死亡将一直是一个深刻的个人和哲学问题。医生应该努力为患者的最佳利益服务，并帮助人们做出关于如何死亡的重大决定。这包括提供关于辅助死亡的清晰、客观的信息。

在到达生命尽头之前，我们的选择也许会有所不同，我们必须仔细地考虑、明智地选择，毫不畏惧地相信自己能够好好地和这个世界告别。

给予临终者坚定的支持

最终，我们只能对那些自己没有抓住的机会感到遗憾。

——无名诗人

最近我参加了一次座谈会，一位经验丰富的重症护理医师在会上坦言，在自己将近五十年的病人护理的过程中，他还未遇到一例安然死亡的病例。当观众感到有些震惊时，他接着解释说，明智的决定往往能够避免无用的医疗，让病人平静地死去，然而人类生活的现实往往是：总会有人拖后腿。实际上，如果我们认为生命中的所有人都会被死亡所影响的话，那么什么是安然死亡，也许永远都弄不清楚了。医师特别谈到，对于那些深刻地体会到了失去亲人的痛苦却又坚定地支持他们的决定的拥护者，他感到十分同情。

听着他的话，我想到了自己的病人。当他们去世的时候，亲人们在理智上明白这意味着他们的痛苦结束了。然而这却无法阻止亲人为失去他们而感到悲哀，亲人们也总希望这不是现实。如果亲人与死于的人的关系亲密又和谐，那么他们只会追忆死者；如果关系已经破裂了，那么他们就会后悔再也没有机会去改善它了。

有时，由于命运冥冥之中的安排，我所照顾的绝症患者正是以前一位已故的病人的配偶或是近亲。我意识到，他们再次见到我一定会想起那些悲伤的回忆，当我听到病人们说因看到熟悉的面孔而感到安慰的时候，会十分感动。这也让我见识到，人们应对自己生命衰退的方式与他们曾怎样帮助所爱的人面对死亡的经历有紧密的联系。

正如经历过丧亲之痛的人所知的那样，关于如何应对失去亲人这件事并没有固定的准则，然而有些事情记下来，是能够对人有所帮助的。

我们应该把关注的焦点放在临终者身上，这一点虽说是显而易见的，但却常常被忽视。这个时候，人们应该抛开分歧，静静地反思，保持冷静，而且如果有必要的话，还应该敞开心胸去宽恕别人。如果期待先进行冗长的讨论再做出重大决定的话，那此刻也许为时已晚。

我发现困难的事情之一是决定与一位即将死去的密友分享自己的生活点滴。在她越来越虚弱的同时，我在做各种有趣的事，她也喜欢这些事情，然而以后却再也没法做了。

透露得太多，我会觉得自己麻木不仁，可是隐瞒真相，又会觉得自己不够坦诚。在这两者之间犹豫了一阵之后，我开始谨慎地和她分享自己的经历。我惊喜地发现，她是那么享受于别人将她作为一名正常人来进行交谈。

我还了解到，在交谈中，与反应敏捷同样至关重要的是要知道什么时候该保持安静。后者是我们大多数人认为很难做到的事情，但临终的病人往往没有精力成为一名细心的主人。尽管如此，他们还是会因为我们的陪伴而获得安慰，并会因为融入了社会而感到满足，虽然不会对此谈论太多。

关于如何欢迎新生命来到这个世界，我们已经了解了很多了，但是关于如何照料临终病人这个话题的答案，我们仍在苦苦探寻。

我有时会接到一些人的电话，他们会因为要拜访临终病人而感到很不安。即使是拜访密友或者家人。他们这时会突然舌头打结，不知道说什么，甚至医护人员也会感到紧张。但我们应该知道，克服犹豫并创造出有意义的交流是完全可能的。

任何谈话的艺术都在于读懂其中蕴含的暗示。我们不应该假装快乐，也不应该毫无必要地扰乱心绪。事实上，问清楚病人我们可以发挥什么作用，是完全合理的。例如，也许我们更擅长大声地为他们朗读、给他们讲笑话，或者我们更喜欢帮他们整理账单和修剪一下玫瑰花。最关键的是要多陪伴和多关注他们。这些宝贵的方法能够让任何关系都更加牢固，特别是对于那些和生命即将结束的病人建立的关系而言。因为这个时候，病人和照料者的关系存在着力量方面的不平衡性。

我曾照顾一个身患绝症的寡妇，每次她侄子们来探望她，她都能敏锐地感觉到他们的担心。为了鼓励他们继续来探望，她会给每个人都分配一个小任务，如帮她拆包裹、叠衣服、按摩脚等。她笑着说，这些工作有助于消除他们的紧张情绪，并使探望过程更愉快。侄子们为自己做出的贡献感到骄傲，我也很佩服她在调整气氛方面的本领。

我认识一位年轻的女士，她一直从事社会问题方面的工作。当她遭遇了严重的事故，并出现了危及生命的并发症时，她的朋友们经常到她家小聚。当她感觉身体状况良好的时候，就加入他们的行列，反之，就愉快地躺在椅子上休息。她经常赞叹自己从朋友们的一举一动中获得的喜悦，而我认为，她的朋友们会一直为创造出一个有意义的仪式来支持他们度过困难时期而感到自豪。

家庭成员应该知道，即使是医疗专家，在照顾临终病人时也会感到紧张。我认识一位年轻女性——卡拉，她的父母决心将她带回家照顾。在卡拉去世的那天晚上，安排照顾她的护士碰巧是第一次独立值班，见到这一景象就明显地不安起来。那位护士一开始号召卡拉的父母来帮忙，这让卡拉舒服了一点。没过多久，一想到卡拉将被带回家,是他们让她不能再接受医护人员的护理,她的父母就感到很难过。我向他们解释说,有的时候,人们期待的专业人员所拥有的那种超然精神也会因为一些人性原因而动摇。但是,卡拉已经从家庭的爱和团结中受益匪浅了。

在生命结束时,获得适当的、熟练的和富有同情心的照料应该是病人的一项基本权利。我们应努力确保临终者得到最好的照顾,并支持那些不能独立维护自身权利的病人。

我们可以平静而又目的明确地讨论一下,我们所爱之人到底需要什么。我们必须接受事实,并且明白护理者的疲劳或压力并不能成为对医护人员怀有敌意或者使用暴力的借口,然而,这个现象在医疗保健领域正在成为一个显著的问题。估算要求的紧急性对于解决这个问题而言是很有帮助的。例如,及时的止痛处理是很重要的,但一个漏水的淋浴头很难在一夜之间就被修理好。很多人都想要一个私人房间,但并不是每人都能拥有,工作人员们有责任分清轻重缓急。

当我们考虑去支持身体虚弱的人和临终患者的时候,应该好好记住这一点:最有意义的帮助并非都是重大的,相反,它们往往是微小的。

那些令临终病人感激的人,往往是那些把药膏涂在他们干燥的嘴唇上,抚摸他们的脚,调整他们的枕头位置,把他们的饮料拿得离他们近一点,并且愿意单纯地坐在床边陪着他们的人。关心意味着在病人身边陪伴着。

另一个能让帮助者发挥作用的方面就是帮助临终病人避免接受无用的治疗。我的同事曾经照料过一位在努力做一些重大决定的、与家人疏远的病人。他的邻居,即我的同事,发现了他的困境,并为他提供了帮助。我了解到,这位同事仅仅是陪伴着病人,发现了他的价值观,就让他自信地做出了决定,住进了临终安养院。

没有人愿意看着自己爱的人痛苦挣扎,我们中的许多人都想要成为一名支持者,但又担心听不懂医学术语。其实,这并非病人的所需。最好的支持者是那些倾听病人心声的人。他们能够凭借其敏锐的洞察力提出一些发人深思的问题,这些问题能够使人们更加关注患者的最佳利益。他们会在必要的时候提出反对意见,但也懂得对话是提供帮助的最佳方法。

医疗保健领域里有许多懂得该怎样治疗的人,而支持者们能够帮助我们辨别我们正在做的事是否正确。

为了避免临终时可能发生的冲突,我们每个人都必须提前考虑自己想要什么。在我们最虚弱的时候,如果支持者能够善于运用他们的知识、力量，并表达出性情，那么我们就会从中受益良多。因此，我们必须谨慎专心地指定好这位支持者，因为没有什么任务是比被他人请求代替对方做出他们自己也不想做的，将产生重要结果的决定更为艰巨的了。

在亲人们临终时帮助他们是我们能够完成的光荣的任务之一。只有怀着善意、拥有远见和能够让他们接受最好的临终护理这个信念，我们才能期待自己自豪又满足地完成这一使命。

确保整个家庭都得到帮助

家庭内讧难维系。

——《新约》（*The New Testament*）

一位家庭医生正在和我讨论有关我们共同的一名病人的情况，尽管他的病情在无情地恶化，但他却坚决地拒绝了包括姑息性治疗在内的社区服务。

"你知道的，他不相信自己病了。"她说。

"但他患上了不治之症呀！"我抗议道。

"他说自己就诊时听到的不是这样的。"

"天哪，这真是难以置信，"我反驳道，"我一直在提醒他情况看起来很糟糕。"

"我只是让你知道他的想法，"她说，"在他看来，你完全搞错了。"

"但这太气人了。"

"别担心，我们都在劝他。"

但我担心这并不管用。

我回忆起了她那通语气沮丧的电话，当时她送一位四十五岁的病人——安迪来做检查。本来她很责备自己过度地询问了病情，可是却震惊地发现安迪得了癌症。

我还记得第一次见到安迪的情形。他是与妻子一起进来的，他的岳父母在候诊室里安慰着他们的孩子。他吓得脸色发白，他的妻子很少说话。

我告诉他，他很幸运，因为他的癌症是可以通过手术来治疗的，而且我会尽自己所能帮助他好起来。他恳求地看着我，我的心都融化了。一周以前，这对夫妇计划的事情无非就是交税和度假，可是现在，他们的生活发生了难以想象的转变。

手术后，安迪接受了艰难的化疗。因此，将近一年之后当他的治疗结束时，他感到欣喜若狂。病人在进行第一次治疗后的访视时，内心往往会充满恐惧，与此同时，我们很难通过早期访视判断谁能保持长期健康的状态，因此，称赞病人们做出的努力是很重要的。我这样做了，并承诺要密切关注安迪的状况，不料他的癌症在几个月后就复发了，而且来势汹汹，让我担心起他的生命来。我不愿意也找不到言辞来表达这不祥之兆。

"扫描结果让我很担心。"我终于低声说出了口。

"我知道你会治好我的。"他回答道。

安迪的信心从未动摇过，即使在情况开始变糟的时候也是如此，而且他认为自己一定能活得比医生预测得更久。一方面，他的意志十分令人钦佩，另一方面，这个过程也让人很疲倦，特别是对他的亲人们来说，他们看到了安迪病情的恶化，而他自己却拒绝承认。

安迪接受了所有可用的治疗，但几个月后，他的肝脏开始衰竭。一位放射科医生忧心忡忡地评论说，他的肝脏比正常组织长了更多的肿瘤。

我想要和安迪谈谈他的未来，但无论是身体征兆还是谈话都不能打消他相信我能找到治愈方法的信念，他认为这只是时间的问题。每个医生都会遇到这样一个病人，其拒绝承认现实，想要挑战极限，但安迪的情况实在很严重。

这一天终于不可避免地到来了，我认为治疗像他一样虚弱的病人实在是不道德的，但安迪却认为这只是暂时的，因为他仍然能够坚持下去。不可否认的是，如果他的年纪更大的话，那么感觉会更糟糕，但我担心安迪是在欺骗自己，而且还不允许家人接受这不可避免的死亡。

安迪的妻子梅莉是一位心理学家，了解安迪的不良预后情况，也知道他对未来缺乏洞察力。她想让他走出幻象接受现实，这样他们就可以做好准备接受没有他的将来了。但让她感到沮丧的是安迪避免提及死亡，还积极地制订了未来的计划，断然拒绝姑息性治疗的介入，使她根本无法提前做准备。

我很担心，于是向安迪的家庭医生寻求了帮助。然后，我见证了一个很好的例子，它展示了病人与家庭医生的良好关系是如何在病人临终时起作用的。

安迪的医生先是鼓励他去咨询，而不是被动地接受意见，而且她把这个场合变成了一个机会，得以探寻安迪对自己疾病的理解程度。通过认真地倾听和敏锐地探究，她发现安迪漠不关心的态度下面掩藏的是对医生们的不信任。他表达出一种病人们共同的担忧，即因为疲劳而错过了哪怕一次治疗，继而被视为已对病魔投降，可能促使医生放弃对他的治疗。虽然，当听到安迪的想法时我感到很尴尬，但它帮助我明白了自己需要做什么。家庭医生开始定期与我交谈，让我意识到一种我无法提供给安迪的但却是最重要的东西——在他被诊断出癌症之前就存在的关系。

他的医生巧妙地说服了他去度假，这本来是他打算在很久以后再做的事。事实证明，这很令人愉快。它帮助安迪意识到自己有义务帮助家人应对自己的疾病。随后的宽慰让他感受到了周围家人们无声的悲伤。最终，他卸下心防，接受了姑息性治疗。

这是在生病期间，他第一次找到了一种公开与家人交谈的方式。他为孩子们记录回忆，并为自己的大宗生意收尾——这是他妻子害怕接手的事情。

像许多年轻的病人一样，安迪坚持到了最后一刻，然而，病情恶化得很快，令每个人都感到惊讶。我常常在想，如果没有家庭医生的温柔坚持让安迪重视家人幸福的话，那么我该如何才能对他进行临终护理呢？正是她的努力让安迪接受了临终安养院，他在入院几天后就在那里去世了。谢天谢地，这家人虽然走了很远的一段路，但最终还是到达了终点。

医院起到的作用伴随着安迪的去世而停止，但梅莉和她的孩子们仍然能够从社区的丧亲支持机构获得帮助，而且陪他们度过这段艰难历程的那位家庭医生也将继续与他们同行。医生谦虚地说自己只是在一项重大挑战中发挥了辅助作用，但她的参与在让安迪安然地去世，以及为他的家人铺平恢复之路方面发挥的作用是至关重要的。

除了负责日常预防和治疗疾病的工作之外，家庭医生也是一个重要的咨询窗口。所以我建议每一位病人都能找一位优秀的家庭医生。

在一个医学快速发展的时代，在对待家庭医生的态度方面，人们有一个明显的分歧。许多老年患者与他们的医生关系密切，而年轻人倾向于选择提供快速医疗服务的诊所，且没有一名固定的医生。在常见的病毒感染或肌肉拉伤的情况下，纯业务性的关系可能会行之有效，但当我们面对一个需要时间的更深层次的问题时，它会让我们失望。

最好不要依赖医院来满足我们所有的医疗需求——这就是为什么我敦促病人去找一个他们可以信任的家庭医生。在病人临终的时候，家到医生办公室的距离和医生的话都是重要的考虑因素。作为提供社区服务的第一接触者，家庭医生也必须学会处理绝症问题。

家庭医生的职责是在社区提供基础的护理服务，帮助病人安然地死去。可是医院医师与家庭医生之间如果缺乏沟通的话，就会妨碍这一目标的实现。为了确保家庭医生能了解最新的情况，一种切实可行的方法是病人在就诊时要求医院医师打印信息并保存档案。在展示诊断结果的时候，这些按照顺序排列的信息是非常有价值的。

与家庭医生保持信任关系，在任何时候都是非常可取的。在临终阶段，它甚至可以改变我们的人生经历。很少有人会将自信和控制力与死亡联系在一起，但在身体健康时与家庭医生建立良好关系，我们就能增加自己获得这两种品质的机会。

提前做好安排

> 活着，就像明天会死去那样去活着；学习，就像永远会活着那样去学习。
>
> ——圣雄甘地
>
> （Mahatma Gandhi，印度民族解放运动领导人）

"你觉得她会想要一个什么样的葬礼呢？"

这个问题使我大吃一惊。

我心里想着：我不知道。我应该知道吗？

维多利亚成为我的病人已经有十年了。在这段时间里，我逐渐喜欢上了她，并且几乎可以描述出她患病历程中的每一个细节。我还记得我是如何宣布已阻止了病情恶化的消息，她对此是如何反应的，以及在别人不断提到奇迹的时候，我是如何小心地避免去赞同她的意见的。我温柔地告诉她，我们追求的并非奇迹，而是良药和富有同情心的医疗。

在差四个月就到五十岁的时候，她决定别具一格地庆祝一下自己的生日，尽管她的身体已经因为疾病的蹂躏而变得非常虚弱了。我诚实地告诉她，进一步化疗不会带来任何好处，在最坏的情况下，甚至可能会使她无法迎来五十岁生日。她回答道，五十岁只到了她想活的岁数的一半。

维多利亚隆重地过了五十岁生日，当我兴致勃勃地翻阅照片时，我发现过五十岁生日对她来说比我开的所有药方都更为重要。

我为她感到高兴，也很感谢她的妹妹丽莎，她辞去了全职工作来照顾姐姐。丽莎睿智又富有好奇心，而且有一种平和的心境，能够巧妙地应对维多利亚的焦虑。

每次问诊结束时，我都习惯问一下病人们是否还有什么要讨论的问题。我常常希望维多利亚能够问起自己的将来，但她每次都仅仅是要求复印一份诊断结果和了解一下最新的疗法而已。

当她问起自己能否飞去国外拜访一位抚养她长大的女性长辈时，我感到很高兴。由于我已经表达过自己越来越担心她的健康问题了，所以我认为，也许她也开始接受现状了。我鼓励她先放下治疗休息一下，趁她身体还可以的时候去旅行，当然我希望丽莎对此也能表示支持。但我记得丽莎从来都没有表达过自己的想法，似乎她已经下定了决心，仅仅为维多利亚提供帮助，而不发表任何意见。

维多利亚不喜欢做决定，因此，大多数事情都是在默认的状态下发生在她身上的。然而当她的生命即将走到尽头的时候，我希望她能做出经过深思熟虑的明智的决定，它们能帮助她活得深刻、死得安然。围绕这个问题谈论了三周之后，维多利亚仍然无法决定是去旅行还是继续接受治疗。我担心自己没能好好地和她沟通病情的严重性，但我所能做的事情，就是敞开大门准备好随时能与她展开交流。

过了一段时间，维多利亚的病情开始恶化了。她把这归咎于安眠药，但我温柔地向她表示，我怀疑是脑转移。的确，紧急扫描结果也证实了我的猜想，但是维多利亚却说她根本不希望我告诉她结果。这让我大吃一惊。通常来说，我支持病人的知情权，只要他们自己愿意，想了解多少病情都可以，但在这种情况下，我知道缺乏信息的披露会导致她做出一些不明智的决定。

这些问题给医生带来了实实在在的困境。其实，在病人同意的情况下，家庭成员可以在缓解恐惧和应对逃避情绪方面发挥重要作用。然而，丽莎却没有表现出这样的意向。虽然我承认她十分尊重维多利亚的自主性，但对这样做的后果感到遗憾。

实际上，我之前没有想到的是，这一系列的事件，包括维多利亚身体状况明显恶化，我做出的停止治疗的决定，她不再去诊所的念头，以及姑息性护理团队越来越多的介入，居然都没让丽莎意识到维多利亚患上了绝症的事实。

后来的一天晚上，维多利亚突发脑出血去世了。就在这之后的那个早晨，丽莎打电话给我，就维多利亚葬礼的事情询问我的意见。

"我只是不知道她会想要一个什么样的葬礼。"她哭着说道。

我感到很震惊。尽管关系如此亲密，但这对姐妹却从未讨论过这件事。虽然那也算得上一场非常困难的对话，但丽莎现在真正的困惑也同样令人心痛。

我沮丧地看着丽莎忙着安排葬礼，她不得不周旋于她内心的茫然与棘手的各种事宜之间。丽莎感到自己与举办维多利亚葬礼的教堂十分疏远，觉得之前正是它令自己忘记了人会死亡这个事实。维多利亚没有留下任何的私人笔记或遗嘱，连她最亲密的朋友也不太了解她有什么秘密的心愿。对此我觉得很尴尬，尽管前来慰问的亲友很多，但我们都处在同一种境地中。

丽莎沉浸在悲伤之中，甚至还产生了一丝怨恨。她花了好几天的时间安排了一个适合她姐姐的葬礼。她认真地履行着自己的职责，查阅了各种档案、信件和随身物品，以探究维多利亚的内心信仰。当我参加葬礼表达哀思的时候，丽莎的努力给我留下了深刻的印象，但显而易见的是，她不得不独自承受着巨大的情感负担。我从其他人的经历来推断，她将要走很长的一段路才能恢复如初。

时至今日，我仍在思考维多利亚的死有多复杂，尽管多年过去了，我仍觉得自己本可以做得更好。不幸的是，很多病人的经历都和她的相似。

避免让我们的亲人难过，是我们的天性，而且关爱也常常伴随着隐瞒和否认一些事实。但我懂得了，如果一辈子都不去考虑自己的死亡，也不给亲人留一个窗口来体会我们的想法和心愿，那么我们是在冒险，也许会给他们留下沉重的负担。

失去亲人的人必然会遇到很多尖锐的问题。他们错过什么了吗？他们是不是本来能做得更好呢？他们有没有公正地对待死者呢？

对我们所有人来说，维多利亚的死亡就是一个具有警示性的故事。即使是最善良、最有爱心的医护人员，也无法强迫我们思考亲人死亡这个问题，更何况大部分人宁愿回避它。因此，这项任务最终只能由我们独自承担。

关心我们的亲人意味着我们需要思考自己的死亡会对他们造成什么确切的影响，并帮助他们尽可能地为此做好准备。

我的一些病人连微小的细节都处理好了，如清理衣柜和捐赠财物。这十分令人感动，但我们却一点也没有考虑过，该如何减少身后的那些悲伤的亲人的痛苦和焦虑。

　　在生命尽头，我们想要的会是什么呢？对我们来说最重要的事情又是什么呢？我们能留下什么遗产？这些问题能让我们从容不迫地过好这一生。即便不是为了我们自己，而是为了那些爱我们的人，我们也必须回答这些问题。在他们经历了第一次失去至亲的心痛之后，不应该由于心存疑虑而再痛苦一次了。

临床试验的利与弊

只要我一息尚存，就会心怀希望。

——圣安德鲁

（Saint Andrew，苏格兰主保圣人）

一本探讨如何安然去世的书认为，临床试验似乎是一件奇怪的事，但是从我遇到的那么多的临终前还对此怀有希望的人来看，我认为临床试验还是值得讨论的。虽然我们通常听说的临床试验都是关于癌症的，但其实它们涉及各种病症——从失眠、偏头痛到糖尿病、中风。当已经没有传统的治疗方法可用，或者是传统的治疗方法不起作用的时候，医生们就会建议病人参加临床试验。临床试验可以用于研究那些已经在实验室里展现出不错的效果的疗法，但它们在获得批准、投入实际应用之前，还需要更多的证据支持才行。

正是通过临床试验，我们才得以了解到病人在心脏病发作期间服用阿司匹林的重要性，以及减少中风之后的脑损伤的办法。也正是通过临床试验，我们才能更有效地治疗支气管哮喘、过敏反应和糖尿病，并且发现了一些如吗啡之类的强效药物在治疗慢性腰痛等疾病时弊大于利的事实。

临床试验还表明：药物不能逆转痴呆的病情，抗生素无法对病毒起作用，清除癌变的乳房肿块与切除整个乳房一样有效，有些阑尾炎不进行手术就可以治好。在我自己所从事的肿瘤学领域，每个星期都有报道说某一种临床试验有希望缓解癌症患者的痛苦。

从临床试验中获得的知识使数百万人的生活得到了改善。这就是医生、病人和支持临床试验的组织都强烈要求进行试验的原因。事实上，我们应该对全世界所有参与这项造福病人的事业的人表示感谢。

然而，实际上只有不到百分之五的病人参加了试验，而且因为严格的资格审查、地理位置和高强度的组织工作这些问题，大部分重症病人和临终病人是不符合参与资格的。我注意到一点：病人参与试验的动机不外乎是希望在临终时能够延长生命，而此时动机也是最强烈的。作为一名肿瘤医师，我对这个现象有足够的话语权，而且我相信，参加了癌症临床试验的患者提供的经验教训对我们中的许多人来说都很有意义。

首先，让我来简短地解释一下临床试验。

早期试验（第一阶段和第二阶段）会持续几个月到几年的时

间，其目的是确定药物对人类是否安全、多少剂量才有效，以及有什么副作用。这些试验能帮助我们了解一种药物的基本情况，大约有三分之一的早期试验能进展到下一阶段。

晚期试验（第三阶段）需要数年才能完成，研究的是如何让试验药物符合现有的医疗标准。有四分之一到三分之一的药物能进入第四阶段。这个阶段旨在监测药物的安全性和有效性，对于志愿者的身体条件有一定要求。

临床试验是治疗的一种方法，不过它尚未被监管机构批准投入而广泛运用。

医学的进步正是在试验的基础上展开的。参与者通常能够获得密切的监护，而且也是第一批享受试验研究成果的人。看到别无选择的病人们能够积极响应一种实验性的治疗，是让人感到非常欣慰的。治疗结果往往视情况而定，有些人能够长时间保持良好的状况，但也有一些人会很快病发去世。

有证据表明，人们对于整个临床试验的过程知之甚少，尤其是不了解试验的实情。研究人员往往会煞费苦心地解释试验的任务正是进行实情调查。在早期试验中看起来似乎有效的大部分药物都没有进入市场，只有不到百分之五的药物最终获得了批准。晚期试验并不能让每个人都延长寿命或者提高生命质量。参与者可能会受益，但试验的主要目的是让我们进一步了解疾病，为治疗将来的患者打下基础。

正如大多数想帮助病人的医生一样，我也对临床试验的可用性表示欢迎。不幸的是，在医生的知识和病人的想法之间存在着一道理解鸿沟。就我自己的经验来看，参加临床试验的病人普遍相信或者希望试验药物能够提供一种治疗方法，或者至少能有效地延长生命。因此，当严重的副作用影响到生活质量时，病人和亲属们会感到非常失望。错误的预期会增加死亡过程的不确定性，并使其变得更加复杂。

妮莎在一家杂货店工作，我过去常常在上班途中光顾那里。她那时会一边愉快地帮我挑选最新鲜的产品，一边匆匆地跟我寒暄几句。妮莎对我的工作怀有很大的敬意，因为她那时有几位朋友正在接受癌症治疗。我过去曾惊叹于她的经营能力，而且还发现她常常花时间仔细地关注她生活中的人们。当她由于经济原因不得不闭店的时候，我很怀念我们之间的短暂闲聊。几年后，我在一次医院查房过程中又见到了她。出乎意料的见面让她的脸上绽放出了光彩，但我却竭尽全力抑制住自己的惊恐。她的长袍半开着，露出了憔悴的身躯，她正挣扎着推着自己的输液架去卫生间，不料却倒在了床边。我几乎无法把她和原来那位每天早上接待我的女士联系起来。

我得知她已经在另一家医院接受了两年的癌症治疗。她的肿瘤医师给她开了可谓是"最后的希望"的一种药物，但这让她的身体一直十分虚弱。她现在大部分的时间都是在医院度过的，输血和抗生素对她都没有任何作用了。

考虑到她的病情的明显恶化和她自己对预后不良状况的描述，我意识到她已经没有多少时间了。她不适地撑着一侧的身体说道："如果治疗不起作用的话，我就要等着进行临床试验。如果他们不收我的话，我就把房子卖了，因为我听说过很多关于这种药的好消息。"听到这个，我彻底地沮丧了。

我知道，这种药物目前仍在测试中，她的家庭是无法承担起它将带来的经济压力的。妮莎虽不是我的病人，但我想要保护她。

她问起了我对她病情的看法。我坐在她旁边，如实地回答说她看起来不太好，而且在做出任何重大决定之前，都应该与一直以来给她看病的肿瘤医师谈一谈。我无法想象他的医师建议她卖房子，反而希望他能跟她聊聊关于死亡的问题，因为她似乎对此一无所知。

我温柔地建议道，有时最好的选择是接受自己的疾病，关注生活质量。对她来说，这就意味着回家接受姑息性治疗，在家吸氧，并注射足量的止痛剂。一想到回家，她就高兴起来了，但又感觉自己不可能实现这个念头。

她说："我很可能会死在这儿。"

我答应跟她的肿瘤医师谈谈，她很感谢我。

当她握住我的手时，我不禁注意到了她的手，她的手被静脉注射线压出了一个凹槽。

后来的一段时间，我每天想到这些事情时心里都会阴云密布。在这个本该提供帮助的医疗系统中，妮莎怎么会感到无助呢？那位不希望她放弃治疗的肿瘤医师，又该为此承担多少责任呢？她会不会是万千不敢接受现实的"抗癌战士"之一呢？或者她全家都相信现代医学能治疗一切疾病呢？

也许那样的局面与很多原因有关。

不久之后，妮莎去世了。我克服了悲伤情绪，给她丈夫打了个电话，得知她离世前设法回家待了两周。他钦佩她的勇气，也为她无法接受临床试验药物治疗而感到惋惜。我打消了他的疑虑，告诉他妮莎本就没有资格接受试验，而且也没有证据表明那种药物能延长她的寿命。这实在很讽刺。

"难道连一两年的寿命都无法延长吗？"他满怀希望地问。

听到这极其不现实的估计，我的心沉了下去。妮莎一直期待接受第一阶段的试验，这种试验是为了研究药物是否有效。但他的话说明患者们将其看作是一种孤注一掷的希望。

"恐怕不行。"我回答说。察觉到他内心的负罪感，我很受触动。

考虑到妮莎的病情的严重性，他承认，她生命的最后几个月本该过得更加平静一些的，因为他们都知道她快要死了。尽管只有五十岁，她还是本该选择停止治疗，珍惜在家里度过的时光。他的话提醒人们，在讨论临床试验的益处和风险时，医生们必须时刻保持警醒，并与病人讨论他们的预期寿命。

在妮莎临终的时候，我认识的一位患有罕见自身免疫性疾病的病人成功地参加了一项临床试验。文斯是一位艺术家，亲眼看着自己的生命逐渐被严重的疲劳和关节疼痛所削弱，社交活动也参加得越来越少了。仅仅在接受了一剂试验药物之后，他就报告说出现了新的症状，接下来的几剂药物加重了他的病情。药物被停了下来，但它给他造成的症状却没有消失，这包括严重的神经损伤、慢性疼痛，最糟糕的是，他失去了绘画的能力。由于他对外界的兴趣有限，绘画曾经填补了许多的空白时间，但现在却再也无法拿起画笔了。

饱受折磨的文斯指出，在他参加试验的过程中，研究人员并没有告知他药物会有罕见但却严重的毒副作用。他认为，虽然自己曾被告知相关细节，"但被强调的部分主要是好的结果"。随后，由于与首席研究员沟通不足，导致他的申诉并没有被认真地对待。

他提出了正式的申诉，并得到了一定的经济补偿。研究人员受到了谴责，临床试验的管理也得到了加强。但文斯失去了对生活的热情，不久之后就去世了。

我讲述文斯的故事，并不是为了反对人们参与临床试验，而是想要提醒人们，要充分理解自己的选择，并且毫不犹豫地提出问题。

最近，澳大利亚一篇著名的临床试验论文在发表整整两年后，由于被指其研究负责人在一个关于常用的血压药物的问题上捏造了病人情况并编造了数据而被《美国医学协会杂志》（*Journal of the American Medical Association*）撤回了。鉴于心脑血管疾病的高发病率，权威杂志上发表的有积极意义的研究成果往往具有深远的影响，因此，这项研究被引用了三十多次。许多医生读了最初的结论后改变了治疗病人的方式，然而却没有看到撤回这个结论的决定。

有前景的试验结果被撤回或者无法被撤回，这种现象太普遍了。这些被撤回的臭名昭著的研究里，有一项声称麻疹疫苗和自闭症之间存在联系，它造成的后续影响一直存在，导致很多儿童没有接种麻疹疫苗。还有一项很有影响力的研究是关于人类克隆和干细胞的，其作者在被发现数据造假后不久就去世了。其他研究人员也被发现曾有欺诈行为，因此，他们被禁止获得政府的资助，然而，这距离他们犯下欺诈之错已经过去数十年了。

大多数病人和医生都不了解临床试验的丑恶之处，想象不到那些不道德的研究人员的恶行，也不知道大型制药公司会将销售利益置于病人福利之上。正直的科学家们会义正词严地痛斥这种普遍现象，但也会指出，那些致力于保障患者福祉的优秀试验会给人们带来更多的益处，这两个方面都是存在的。

此外，临床试验还有一个重要但却难以被察觉的问题，它对于每个人来说都很重要，那就是参与有偿研究的志愿者的欺骗行为。最近的一项研究发现，有四分之一的志愿者会夸大自己的症状以符合参与有偿研究的资格，还有百分之十四的志愿者则会为了参加试验而假装有健康问题。对于后者来说，参加关于癌症的研究会比较困难，但在研究疼痛、疲劳或焦虑的试验中，难度就不那么大了。

通过伪造自己的情况，参与者们会使数据失去客观性，继而降低整个研究的可信度。无论试验是为了研究一种疗法的价值，还是一种药物的毒性，如果参与者们没有如实地报告自己的情况，就会大大改变研究结果，导致有价值的试验被停止，或者恰恰相反，使不安全的试验继续推进。有的时候，造成严重的毒性影响的罪魁祸首是非法药物或者药物的相互作用，而这正是由于试验药物所引起的。又或者，药物试验误让患有某种病症的病人代替健康志愿者参与了进来，那么这就很可能在判断试验药物的作用方面失去客观性。

尽管临床试验也会遇到一些障碍，但在选择最合适的止痛药、最佳的化疗方案，或者最安全的手术治疗方案时，事实证据才是最值得信赖的。

在建议危重病人进行临床试验之前，医生必须充分考虑这个决定对其是否正确。我们必须不断地向每天充斥在眼前的大量数据提出质疑，而且不能惧怕承认，在医学的许多领域是没有所谓的正确答案的。对于病人来说，很重要的是要保持一颗好奇心，不要害怕提问。在医患之间权力失衡的情况下，这并不容易，但它却比以往任何时候都更有必要。然而讽刺的是，有些患者正是因为被认为没有资格参与临床试验而获得了他们渴望已久的结果。

想要探索每一条有可能的希望之路是人类的天性。在病人临终寻求临床试验的帮助时，这些考虑具有深远的意义。在生命有限的时候，赌注往往会更高，我们中的一些人都希望珍惜与家人朋友在一起的时间，但有些人在临终时却能从寻求治疗中获得满足。只要我们充分了解情况，就都有能力判定什么才是对自己最重要的事。

保护我们的健康

健康才是最宝贵的财富。

——拉尔夫·沃尔多·爱默生

（Ralph Waldo Emerson，美国思想家、文学家、诗人）

二十年的行医经验告诉我，要想安然去世，必须有一个先决条件，那就是好好地生活。尽管活得美好并不能保证死得安然，但它确实有助于防范一些由不当的生活方式引起的疾病，现在患有这种所谓的"生活方式"疾病的人越来越多了。

我很喜欢我的病人罗恩，他开玩笑说自己是个"沙发土豆"，不过从中我能感觉到他的自卑。罗恩又矮又胖，讨厌运动，喜欢谈论自己对于糖分和脂肪的热爱，这两者，他都难以割舍。我们第一次见面时，他挣扎着走了一小段路到我的诊室，然后扎进椅子里，抓着扶手开始大口喘气。我惊愕地看着他，因为他才五十多岁。

当我遇到罗恩时，就告诉了他，他的癌症不能动手术，不过化疗很有可能可以缓解病情。然而我知道他糟糕的健康状况会破坏他应对强化治疗的能力。

患有肥胖，不能控制的糖尿病，心血管健康状况不佳，有过量饮酒、吸烟习惯和其他慢性疾病的患者，并发症发作以及死亡的风险会显著增高。即使是普通的病情恶化，对他们来说也很严重，而且，引导这些病人重拾健康是非常困难的。

罗恩开玩笑说，他会努力地避免自己成为我噩梦般的病人，不过他的妻子——苏看起来很担心。在开始化疗的前一周，罗恩患上了肺炎。他对抗生素反应剧烈，就连我也对他的极速衰弱感到惊讶：仅仅是走到浴室就能让他筋疲力尽，甚至需要别人的帮忙才能下床。被送去康复中心之后，他又在那里患上了尿路感染，差点死于脓毒症。不过他恢复了过来，而且一定看到了我脸上写满了宽慰。他的每个星期都弥足珍贵，病情已经到了毫无可拖延的余地。

经过了跑马拉松般漫长的努力，罗恩终于回到家开始化疗了，并且熬过了第一个月。但我刚刚松了一口气，他就因为肠梗阻而住院了，我知道接下来会发生什么，所以非常害怕。医生给他开了止痛药，并开始使用人工营养剂以使他的肠道得到休息，但他那糟糕的健康状况意味着他已经没有后路了。

几天后，他的外科医生打电话给我，告诉我她面对顽固性肠梗阻感到进退两难。她觉得他不动手术就会死，然而如果动了手术，他死亡的风险也一样很高。关于如何做决定，需要我们大家都参与其中，尤其是健康状况正在恶化的病人。

尽管罗恩明显很虚弱，但还是保持一贯的幽默，我被他这种态度深深打动了。医护人员陆续进入他的房间，调整他的静脉注射线，监测他的生命体征，看看他是否觉得舒适。他抬起手向每个人致意。我在他旁边坐了下来，告诉他我们需要谈谈。我画了个图来说明他的困境，告诉他我会理解他做手术的决定，但如果他选择不做手术而只减轻痛苦，那么我也会支持。不管我曾与人进行过多少次这种谈话，它从来都不会变得轻松，但我现在已经明白了它的价值。

罗恩决定冒险进行手术。他因为我支持他而拥抱了我，想到这是我们最后一次好好的交流，我就感到很难过。我禁不住想到了他的外科医生，以及要进行这样一个高风险的手术，整个外科手术团队所承受的心理负担。

多亏了现代麻醉剂和高水平的医疗团队，罗恩的肠梗阻被清除了，他在手术中幸存了下来。然而，他又患上了另一种感染性疾病，并且这一次无法恢复意识。三天后，他表现出了病危的征兆，于是他心碎的妻子做出了撤销重症监护的决定。在他去世前不久，我怀着巨大的遗憾去探望了他，他身上的许多管子都已经被拔掉了，周围的机器也已经安静了下来。他脸色发灰，似乎突然老了好多岁，但在家人的簇拥之下，我觉得他看上去比我认识他以来的所有时候都要显得安详。

虽然导致罗恩死亡的最终原因是癌症，但他那糟糕的身体状况让他过早地去世了。这不是我第一次想到，人们对于听上去很温和的"生活方式因素"会造成致命影响这件事知之甚少。

越来越多的证据表明，调整生活方式能够起到预防慢性疾病的作用。例如，癌症的确会引起难以言喻的悲伤和心痛，但研究人员最近发现，即使是微小的生活方式的改善，也有可能让健康状况得到明显的提高。将近百分之四十的癌症被认为是可以预防的。当然，我们需要考虑的疾病有很多，而非仅仅只有癌症。一些隐形疾病会缩短我们的寿命，不管是我们自己还是亲人们，大部分的人都会患有这些疾病，它们包括心脏病、糖尿病、器官衰竭和痴呆。

有一些具有潜在风险因素的生活方式是可以改变的。这意味着我们可以降低自己患病的风险，还有一些风险因素是无法改变的，如年龄、性别、种族和家族病史。通过选择更健康的生活方式，如少吃多动、不吸烟、少喝酒并保持正常的体重，我们能够降低自己患上慢性疾病的风险。培养亲密的家庭关系和保持情绪健康同样关键，也是可以让我们幸福生活的重要方法。要做到这些也许很困难，但诊所和医院里到处挤满了因为忽视自己的健康而面临着严峻后果的人们。

在到处都是坏消息的医院里，一件令人兴奋的事情就是见到一些九十来岁的病人，甚至是一些百岁老人，他们有的比只有他们一半年龄的人都要健康。医护人员们都惊叹于他们的健康体魄，于是询问他们保持健康的秘诀。我注意到这些病人有一些共同的特点：他们通常不吸烟，饮酒也适量，并会通过均衡的饮食和适当的锻炼来保持健康的体重。他们已经调整了自己对于寿命的期望值，保持着充分的社交，并随着年龄的增长找到了不同的目标。这种满足感很有感染力。当他们的健康情况恶化时，许多人会平静地去世，而他们的亲人则将其描述为"一种寂静的谢幕"。当然，并非每个人的死亡都是一样的，任何年龄段的人都会遇到意外、感到悲伤和矛盾。但作为守护临终病人的医师，我必须提醒病人应该关注美好生活与安然死去之间的关系。

我们虽然无法控制自己生活的方方面面，但重要的是可以保持身体健康和心情愉悦。死亡虽然不可避免，但我们可以让自己活得更长久、更好。关于如何戒烟、管理体重、安全饮酒，有各种各样的指南可供参考，而且我们中的许多人都有机会利用公共空间进行锻炼。这种改变并不需要花费多少钱财，也不太复杂，更不需要专业人员的指导，只需要我们承认：比起应对生活质量持续下降的问题来说，做出这些改变的成本根本微不足道。

我们都认识一些人，他们因为一次健康警钟的敲响就发誓改变自己的生活习惯。如果能从别人的经历中吸取教训，并且从一开始就好好保护自己的健康，那么我们将会从中受益更多。正如一句老话所说的那样："一个人有了健康，就有了希望；一个人有了希望，就有了一切。"

应对临终时的痛苦

不要嘲笑那些你没有经历过的痛苦。

——《古兰经》(*The Quran*)

"所以你是说你什么也做不了。"

"我并没有那么说，"我温柔地提醒米洛斯，"化疗是有害的，而我想减轻你的疼痛。"

"但是如果不做化疗的话，那么我会死的。"

也许病人的生命到了最后阶段时，我与他们最常见的对话就是围绕放弃治疗是否就等于放弃生命，继而导致他们过早死亡这个话题展开的。事实上，放弃治疗所产生的效果并非劣于积极的医疗干预所带来的。众所周知，在大多数情况下，临终时采取积极的医疗干预措施是弊大于利的。这可能会导致生活质量下降并减少病人的生存机会。

"我怕化疗会让你过于难受，相比之下，减轻疼痛倒是一个不错的目标。"

米洛斯八十八岁，身体虚弱，仅仅是走进我的诊室就已经让他筋疲力尽了。他身材矮小，骨瘦如柴，似乎要是没有了他那结实的助行架，一阵狂风就可以让他摔倒。他是那么渴望得到更多的治疗，因此我觉得自己只有这一次机会可以说服他了。让垂死病人的一线希望破灭很容易，但最重要的事情是关注他们的身心的全部需求。

当他怀疑地看着我时，我很担心自己把事情搞糟了。我看着他在椅子上扭动着身体，生硬地说自己不疼。我也注意到了，人们为了保护亲人，是如何在他们面前掩饰不适，并且向医生展现自己最好的一面的。

他的女儿看起来很不安，她既看到了他的绝望，也感觉到了我的谨慎。她解释说，他不能理解为何自己会患上绝症。我对此表示同情，尽管无法改变他的预后结果，但很有信心能够缓解他的症状。

"我可以给你开点小剂量的吗啡。"我建议道。

他惊恐地跳了起来："哦，不，我不碰吗啡！"

他女儿的脸上也充满了惊愕，仿佛一提到吗啡，就意味着情况变得更糟了。

我向他们保证，吗啡和相关的阿片类药物并不只会在临终时使用，还可以减轻疼痛、提高生活质量、帮助人们的各项身体机能运行得更好。

尽管听到了这些，米洛斯还是很担心，说他不想成为一个"瘾君子"。于是我很快就明白了他的误解，即认为这可能会阻碍他的临终关怀医疗。

我向他解释了滥用阿片类药物和为减轻严重疼痛而合理地使用阿片类药物的区别。他聚精会神地听着，但并没有相信。于是我告诉他，欢迎他随时来找我商量，而且他的女儿也同意一有新情况就向我汇报。就在几天后，她打电话给护士，解释说米洛斯已经到了危急时刻，而这一次实在太难熬了，所以他也不再反对使用吗啡了。

用药后的两天之内，他的痛苦就消退了，睡眠不再支离破碎，易怒情绪也得到了缓解，连胃口都变好了许多。从过去几周的持续痛苦中解脱让他能够清醒地思考，于是他接受了来自姑息性治疗机构的家庭访视。我高兴地看到，直到前不久还拒绝一切的病人，如此迅速地接受了所有的帮助。姑息性护理团队密切关注着他的舒适度，为他的妻子提供资讯，并且成为他们家庭生活中一个令人安心的存在。在随后的医院访问中，米洛斯再也没有提过化疗，倒是因为完全摆脱了痛苦而经常提及自己的感激之情。

米洛斯的身体十分虚弱但情况却很稳定，所以可以冒险到他的花园里待一小会儿，这让他精神为之振奋。他的妻子对这一点感到特别高兴，我觉得自己想不出其他任何能够比使用小剂量吗啡更能缓解他的痛苦的治疗方法了。这就是世界卫生组织将吗啡列入了临终护理的基本药物清单的原因。

随着他的病情继续恶化，就需要用更大剂量的吗啡。这增加了便秘和嗜睡的症状。但是，由于我们知道会发生些什么，所以处理起这些症状来就更容易了。

米洛斯在确诊之后又活了三个月。正如他所希望的那样，在妻子儿孙的陪伴下安然离世。

疼痛是人们在临终时普遍会担心的症状。许多人都会鼓起勇气问他们是否会遭受痛苦，还有些人也会担心，但又不敢说什么。这就是我认为医护人员有责任专门解决这个问题，护理者们也必须适应疼痛这件事的原因。

我向我的病人们保证，根据疼痛的位置、发作的频率和可用的资源，有很多方法可以减轻疼痛。不幸的是，世界上大部分地区都无法获得止痛药，而在其他地方，因为认识程度较低，专业知识的缺乏以及普遍存在的误解，疼痛缓解治疗也常常受到阻碍。作为一个几乎每天都开阿片类药物的医生，无论是对其危险性还是功效我都非常了解。下面是一些大家都该知道的实用信息。

阿片类药物不应该遭到诽谤。实际上，在严重烧伤、术后恢复、癌症疼痛和姑息性治疗的情况下，吗啡是不可替代的。但有很多证据表明，与扑热息痛和布洛芬等简单的药物相比，它在治疗偏头痛、背痛、关节炎和其他与慢性疼痛相关的疾病时，并没有提供额外的好处。对阿片类药物的不正当使用，使其变得越来越流行了，研究人员们已经意识到这会加剧病人的疼痛体验，有些情况甚至被证明是致命的。但在无痛苦的死亡方面，吗啡是非常宝贵的药物。

我的一些绝症病人说他们对吗啡过敏。仔细询问后得知，当他们在术后或者紧急情况下服用吗啡时，常常会感到恶心、呕吐或昏昏欲睡。

这些症状不太可能是由药物过敏引起的，也不一定与药物有关。由于吗啡对生活质量具有不可否认的影响，因此，要求患者回忆自己的吗啡使用史是很重要的。由于阿片类药物有许多不同的类型和配方，所以医生总能找到一种既能帮助病人获得益处，又能避免出现副作用的方法。人们对于止痛药的需求可能会有所不同，很多人必须尝试不同的阿片类药物，然后才能找到适合自己的那一种。还有一个同样重要的方面是要确保有充足的阿片类药物的供应，以避免因药物突然告罄而带来压力。另外，医师与家庭医生的关系也很重要，因为医师需要确保对病人最新的身体状况有足够的了解。

最后一点，其实并没有所谓"最好的"阿片类药物，从根本上来说，重要的是要让病人服用一种有效、安全和可控的药物。

"疼痛缓解"是一门不太精确的科学，同时也是一个投资不足的医学领域。作为一种需要专业知识支撑的治疗方式，它只是在最近的几十年才刚刚获得了重要的地位。因此，许多医生虽然有意帮助那些包括临终患者在内的病情复杂的病人，但却缺乏相应的训练。然而，由于疼痛是如此难熬，使人痛苦甚至会致残，因此我们都应该得到更好的治疗。

虽然身体上的疼痛很明显，但是有一种疼痛更难医治，那就是生存窘境。

在生命将要结束时，不安、焦虑和抑郁的情绪是很常见的，而且这对患者及其护理者都会产生不利的影响。生存窘境未得到解决的患者经常会对他们的医生失去信任，使他们很难与其分享自己最深切的忧虑。长期缺乏沟通则可能导致糟糕的死亡体验。

在认识和处理生存窘境方面，我们都应该尽一份力，因为它是安然离世的重要组成部分。个人治疗、团体咨询、认知行为治疗，以及在某些情况下服用一些处方药物，都能起到缓解情绪的作用。

我们也许会好奇，对于所有人来说，考虑死亡这件事是否都是令人感到压抑的。但我了解到,并非所有人都会为这一话题而感到沮丧。许多临终的病人,无论是年轻的还是年老的,都对自己度过的人生表示满意,同时也与自己无法做到的事情达成了和解。他们已经接受了死亡这件事,并将其当作生命中一个不可更改的事实。他们没有怨恨这不可避免的事实,而是放慢了脚步,集中精力利用好自己的时间。这鼓舞了他们的精神,也在这段旅程中帮助了其他的人。

无论是肉体上的还是生存窘境带来的痛苦都并不是无法解决的,也不是不可治愈的。我们有权利有尊严地安然离世,不该因为自己和亲人这样要求而感到害怕。

如何处理对死亡的拒绝

生和死是一体的，就如河流和海洋是一体的一样。

——卡里·纪伯伦（Khalil Gibran）

我听过很多关于拒绝接受死亡的故事，但当一位病人因为我将她要求了解的关于绝症的真相告诉了她而投诉我的时候，我才第一次体会到这一点。她的投诉动摇了我的信心，让我开始怀疑起医生的职责来。

朱莉娅是一位五十多岁的女士，被诊断出患有晚期肺癌。这种病在当时还没有很好的治疗方法。她的肿瘤医师先前制定的化疗方案短暂地帮助了她，但现在，她因为一种叫作脊髓压迫症的严重并发症住院了。她感到腿部无力、行走困难已经有一阵子了，但当她突然失禁的时候，还是吓坏了。

通过扫描我发现巨大的肿瘤已经压迫了她的脊髓，即神经系统的控制中心。这个肿瘤无法进行手术，而且她的腰部以下部位都已经瘫痪了，至于是否有其他治疗方法能够逆转这种情况，治好瘫痪，这一点值得怀疑。

在检查后的那天早上，我第一次见到了朱莉娅。对于任何一位医生来说，困难的情况之一就是在第一次见面时就向病人透露坏消息。但消息越坏，就越有公开的必要，因为病人应该知道真相。

我介绍自己是一名肿瘤医师，并问她是否感到疼痛。

"我感觉很舒服，"她回答道，"但我真的很想知道，我还能活多长时间。"

所有人都认同这一点：在理想的情况下，最好由一位与患者有渊源的医生来告诉其病情，因为他经历了病人的病情起伏，不仅了解病程，而且知道病情发展过程中病人的社会和情感环境。但她的肿瘤医师只是认为她患上了一种可预见的并发症，并没有做好准备陪她走完这段最后的旅程。他没有向朱莉娅提出交谈的建议，也不回她的电话，而且她的身体情况也不适合再被送到他那里去了。这种情况很令人沮丧，但我的任务仅限于帮助朱莉娅，而不是去猜测她的肿瘤医师的动机。

患有脊髓压迫症的癌症患者是癌症患者中预后情况最差的一类。由于腿不能动也没有知觉，朱莉娅不得不待在床上。她已经出现了肺炎的迹象，她的肺已经没有免疫力了，任何的感染都不会是好兆头。

我默默地梳理需要向朱莉娅和她的丈夫——休传达的所有消

息，希望能够帮助他们做出最有利的决定。当我们见面时，他们似乎已经准备好了来听自从确诊以来能想象得到的最坏的消息。我刚刚开始解释进一步化疗已经不管用的时候，朱莉娅就打断了我："你能否告诉我，我还能活到圣诞节吗？"

我记得那时自己凝视着室外六月的清晨，医院前车辆川流不息，行人熙熙攘攘。朱莉娅还能再活六个月吗？她能从这场浩劫中恢复过来，像我看到的正在进出医院的其他病人一样吗？

我的心在诉说着"请就这样告诉她吧！"，然而我的直觉告诉我不要这样做。医生并不是预言家，而且，关于医学的屈辱的事情之一就是我们也会时不时地犯错。但是根据我面前的证据来看，我必须让朱莉娅知道我的想法。

因此我告诉她，虽然我也希望她能证明是我弄错了，但我无法确定她是否能活到圣诞节。所以，我们应该讨论一下她的目标。朱莉娅皱起了眉头，一想到她可能会说出有关孩子出生、婚礼或者一些无法变更的事情，我就紧张得屏住了呼吸。不过她说，自己的目标是为自己三个成年的孩子准备圣诞礼物，并与她的大家庭成员共进午餐。这些心愿是可以达成的，于是在接下来半个小时的时间里，我们讨论了如何为即将发生的事情做好准备。她提到了写纸条和给朋友们打电话。休希望能带她出院。他们都同意与姑息性护理护士见个面。事实上，我们的谈话产生了如此积极的作用，以至于我被这对夫妇在最严峻的考验下表现出的复原力深深打动了。

当我离开时，朱莉娅和休含着热泪感谢了我，说这是她整个生病期间进行的最真诚、最有帮助的谈话，现在，它将有助于帮助他们做出一些重要的决定。我感到自己承受不起他们的称赞，真的无法要求比这更好的结果了。

因此，当第二天早上听说自己被投诉时，这让我始料未及。有个高级护士找到我说，在我们谈话后的几个小时内，朱莉娅就对我的行为提出了控诉，指控我由于讨论了她的预后情况而给她全家带来了极大的痛苦。我对此瞠目结舌，不敢相信。

这位护士说朱莉娅是在否认自己得了绝症，我们最好给她一些隐私。然而讽刺的是，护士选择在最繁忙的通道上拦住我，周围是医科学生和住院病人，所有人都知道我被病人投诉了。

尽管我心里百感交集，但第一反应仍然是向朱莉娅道歉，我认为处理她激烈的反应的办法正是善意地接近她。但令我郁闷的是，朱莉娅禁止我靠近她的床边。我感到很丢脸，但仍勇敢地告诉我的团队，这样的挫折是我们职业生涯的一部分，不该阻止我们去做正确的事情。

　　朱莉娅不仅拒绝见我，还拒绝见其他医生，并且办理了出院手续。后来我发现，显然她从来没有从她的肿瘤医师那里了解到自己患了绝症的事实，尽管她反驳了这一点。

　　朱莉娅那公开发泄怒火的行为让医护人员们普遍感到沮丧，也引起了广泛的反思。一位护士目睹了我与朱莉娅和休的谈话，安慰我说我并没有做错什么。一位初级医生说："她失去了向下一位病人提起如此敏感的话题的勇气。"我不停地在脑海中回放这一幕，想着我本可以做得更好的。

　　姑息性治疗小组想要介入去帮助朱莉娅，但她决心证明每个人都做错了。出于尊重，我没有再联系朱莉娅，但听说她在回家后的几周内就去世了。对于休和她的孩子们来说，那段日子一定特别难熬，因为他们不得不靠自己撑过去。

　　多年来我一直记得这件事，仿佛它就发生在昨天一样。我不愿去想是自己说过的话导致了一位病人的痛苦和一个家庭的恐慌。即使是现在，一想到要召开家庭会议来讨论预后情况，我就踌躇不前。

　　每年我都会遇到一些这样的重症病人，他们都在围绕自己的死亡进行循环对话。他们不相信自己的疾病无法治疗，并坚持要一个解决方案。多样的家庭会议探讨了他们的病情恶化的情况，但却没能让他们产生深刻见解。这些病人虽然已经油尽灯枯了，但他们还是存在抵触心理。因此，许多人长期处于不满和不安的状态，一直在等待着医学能提供一种办法。

临终时否认疾病这个问题，会对每一个遇到它的人都造成影响。据说这是由错误的信息、误解以及医患之间缺乏沟通造成的。这些都是事实，但是那些我的病人否认病情的经历，还教会了我一些其他的事情。只要有足够的谦逊之心和洞察力，沟通中的错误就可以得到纠正，信息断层可以被填补，理解也就能够达成了。然而，一种任何人都无法触及的绝对否认存在于人们内心，即拒绝承认人人都是肉眼凡胎。这种否认涉及恐惧、悲伤和惊慌失措，但其核心是从未想过生命是一种恩赐，也是一个短暂的片刻。帮助人们克服对疾病的否认心理，是护理临终病人所面对的最具挑战性的任务。

成为这些病人的医生是一件很具启发性的事。尽管他们难以满足，但比起他们的亲人所承受的压力，照顾他们的医护人员面对的挑战就小得多了。病人的护理者们很值得同情，因为虽然他们也许是理解真相的，却经常沦为不幸的旁观者。他们需要极大的耐心和爱心才能越过自己的挫折，维持个人的尊严并获得他人的尊重。

我学到的是，坚决的否认永远不会因为一次清醒的认识而消失。相反，它需要一系列的小步骤的积累。

许多时候，当患者面对无法避免的现实，如日渐虚弱和能力丧失时，这种否认就会消散。但有时，对病情的否认实际上需要我们优雅地接受自己剩余的时光不多的这一事实。我们并不是停止了关爱，而是不会再因境况不佳而感到难过了。

在帮助患者应对拒绝接受死亡这个问题前，医者还有很长的路要走。我不禁想到这最终是一项与我们每个人都息息相关的任务。无论是给予还是接受，我们的生命都是有限的，什么时候意识到这一点都不算太早。孩子需要知道为什么祖父母会死去，青年人必须意识到父母有一天也会去世。当白发人送黑发人，事物的自然秩序变得混乱时，我们应该与他们一起哀悼，同时也需要承认死亡的普遍性。这就是我们所有人，无论老少，接受死亡的方式。

以前曾有人悟道：你我皆可活两次，顿悟再无来生之时，前尘方逝，今生方始。两千年后，精神病学家伊丽莎白·库布勒·罗斯（Elisabeth Kübler Ross）认为："否定死亡在一定程度上是由于人们过着空虚、无目的的生活。因为当你仿佛能够像永生一样生活的时候，就很容易将本来知道的必须做的事情一拖再拖。"

也许，把古老的智慧和现代的观点结合起来，我们每个人就都可以定义何为"活得美好，死得安然"了。

应对突发的死亡

让我们生时努力吧，以期到了将死的时候，连承办殡仪者也会为之表示哀悼。

——马克·吐温

（Mark Twain，美国作家）

在一所大医院实习一年，实则是在虚拟匿名的环境下努力工作的一个教训。实习生们应该不动声色地遵守规则，避免争议和成为公众关注的焦点。就像所有的实习生一样，我也习惯了每天跟在一群医生身后，到病床边尽职尽责地记录下医师们的指示。忙碌的专家医师们是通过层级制度来进行工作的：他们主要与同级医师交谈，后者向高级医师汇报情况，高级医师负责管理初级医师，初级医师与实习生一起工作。实习生很少能有机会与专家医师直接进行沟通，如果不是因为作为团队中级别最低的成员所承担的责任，那么远离真正的决策制订可能是一个几乎无伤大雅的经历。

这就是当第二年我成为一名初级住院医师，又被指派与一位著名的专家医师一起工作时感到激动不已的原因。他问了我的全名，还和我握了手。当我绞尽脑汁想找出一个或许能让他知道我的理由时，他愉快地提醒我，我和他是在我到他工作的重症监护室拜访病人的时候认识的。他说自己总是能记住别人的名字。他的语气听起来很真诚，但我怀疑他是否能将上百个名字都记住，然后像和我这样，与真人联系起来。

但拉梅什很快就证明我的猜想错了。在我们第一次一起查房时，一位睡眠不足的老年病人被我们吓了一跳，她手中的一杯橙汁从托盘滑落了，溅了拉梅什整洁的白大褂一身，然后掉到了地板上。

其他的医生都本能地跳向了一旁，但拉梅什只是平静地拾起了空杯，安慰了那位窘迫的病人，提醒保洁员过来收拾，然后就继续查房了，没有漏掉任何一个细节。几个小时之后我回来写笔记，看到那位保洁员正站在桌旁。她含着眼泪说，二十年来，许多专家医师都找过她帮忙，却没有一个人知道她的名字。

"因为没有人认为我重要吧。"

她的话一直铭刻在我的记忆里，因为我认为她是对的。

拉梅什是我共事过的友善的医生之一。他知识渊博又彬彬有礼，声音低沉而浑厚，曾经一度在板球评论中献声，使其大放光彩。他进行的临床指导和日常教学，给医生和病人们都留下了深刻的印象。在尊重和合作方面，无论对方是一名顶级的外科医生还是一名护校学生，他从未区别对待过。在谈话中，他既能巧妙地向一位困惑的患者解释医学概念，也能为一名敏锐的医生提供科学严谨的解释。对于那些认识他的人来说，他本人就代表着一剂良药。

拉梅什是一位重症监护专家医师，我那时正在接受培训，准备成为一名肿瘤医师，因此，我们在专业方向上有所不同。幸亏当我刚开始创作关于医学中的人性的书时，他热心地指导了我，否则我们很容易失去联系。因为他也相信，在与病人打交道时，医师需要具有怜悯和同情心，所以他常常与年轻的医生们讨论医学的意义。他的文笔很流畅，所以在我开始自己的写作生涯时，没有什么能够比他的手记更能带给我快乐了。

拉梅什在我早年学习的时候指导过我，看着我成为一名肿瘤医师，曾在我孕晚期失去了一对双胞胎时安慰过我，又为我刚出生的孩子道喜；他曾阅读过我的早期手稿，评论过我的书，还邀请过我到他组织的会议上讨论医学的真谛。他曾告诉我，他最喜欢的事情就是看着年轻的医生们的事业蒸蒸日上，因为这就意味着他的使命完成了。但我认为，对于许多听众来说，每一次会议最令人难忘的部分就是他向辛勤劳作的厨房工作人员致敬，还让他们走出来接受大家的起立致意和鼓掌欢呼。他总能看到每个人最好的一面。

在这份劳心劳力的工作中，拉梅什很幸运地拥有一位非常能干又有耐心的妻子，她愿意放弃自己的医学生涯，全心全意地照顾孩子。随着我们越来越忙，通过邮件联系的次数比见面的次数还多。到了五十岁出头的时候，他觉得让自己分心的事情很多，但也开始意识到该放慢脚步，多花点时间待在家里。

我刚看完早上的最后一个病人。他八十岁了，是一位和蔼可亲的老人，术后康复状况良好。这让我高兴地思量起现代医学的一些奇迹。这时一阵敲门声响了起来，一位医生过来和我打了个招呼。

"你还不知道吗？"他问道。

"知道什么？"

"拉梅什一个小时前去世了。"

我以为自己听错了，或者他说的是一个我根本不认识的人。

"你刚才说什么？"

"拉梅什今天早晨心脏骤停，经过多次抢救，心跳无法恢复。"

看着我脸上的怀疑，那位医生继续说："真的很抱歉，我还以为你是第一个知道的人。"

但我仍然未从这消息中恢复过来。心脏骤停，没错，但拉梅什真的死了吗？也许医生们还在抢救他呢。

"这是传言吗？"

"不，我和在场的一位医生谈过了。他没有被救回来。"

我深深地吸了一口气使自己平静下来，并告诉他我必须亲眼去见见拉梅什。

虽然我的手放在方向盘上，但当我机械地沿着熟悉的路线行驶时，我的大脑一片空白。到了那家医院之后，我立马就冲到了心脏病科的病房，发现他的妻子正孤立无援地站在一间单人病房的外面。

拉梅什的遗体躺在一张狭窄的白色病床上，他的表情平静得就像睡着了一样。他的手摸起来还很温暖，然而他的肤色却已经呈现出死一般的灰暗。没有任何迹象表明我们能够再努力救他一把，在场的每一位专家都无能为力。我在他身边坐了下来，无法思考也说不出话来，脑海里只有一句话在不断地回响："为什么会这样？"

因为意识到中年男性会面临一些健康风险，他在几周前还做了一次心脏常规检查。那天早上他正准备去上班，突然感到一阵微弱的胸部疼痛。最近的体检结果让他比较放心，尽管如此，他还是决定去检查一下。他的妻子主动提出开车送他到附近他上班的那家医院。

他们都以为他会没事的，在那里查一轮房就可以了，然而接下来发生的事情变成了一场会反复出现的噩梦。

快到医院的时候，拉梅什倒在了他的座位上。他的医生妻子不得不做个决定，要么就在高速公路上停下来，要么就再开几分钟，于是她决定继续开车。几分钟后，急诊科人员迅速地展开了行动，医生们也很快从各处赶来，尝试了各种已知的干预措施。长时间实施心肺复苏使医生的双手都疼了起来，但拉梅什的心脏骤停却仍然没有改变，他根本没有任何机会了。在经过三个小时不间断的努力和令人难以想象的情感折磨之后，那位既是拉梅什的同事又是朋友的医生无奈地承认急救失败，并宣布了他的死亡。本来准备与他一起查房的医生们，不得不为他毫无生气的遗体准备一间病房，并开具死亡证明，同时还要继续进行照顾其他患者的工作。那一天和接下来的几天、几周，将是他们人生中痛苦的时刻。而对于拉梅什的家庭而言，他们的痛苦才刚刚开始。

作为一名肿瘤医师，我习惯了照顾那些慢慢衰弱并死亡的病人。人们总有时间去悲伤、调整心情和预测未来。然而突发性的死亡则无法提供这些安慰。不幸的是，多年来我也曾目睹许多这样的死亡，有一些人是死于灾难性疾病，但更常见的致死原因是意外和自杀。在医务人员中，职业倦怠、药物滥用和精神疾病出现的概率很高。这意味着许多医生都听说过周围有人死于吸毒过量或自杀。我也曾失去同事，但之前却没有任何迹象表明他们出现了什么问题。有些实习医生忽然就不来上班了，还有正处于职业生涯巅峰的专家医师也是，就连一周之前还在查房的护士也会如此。

我也曾失去一些从未预料到自己会马上死亡的病人。我们向病人保证过，说他们正在恢复中，还告诉他们的家人他们晚上可以回家休息，谁知之后便发生了一些不可预测的事情。病人突发心脏病，停止了呼吸，或者再也没能醒过来吃午饭。

有一次，我正一边查房一边与人谈话，拉开床帘却看到了一位已故的老年病人。照顾他的护士刚刚放下他的茶杯，准备给他淋浴，不料他去世了。我们花了好几分钟才抚平受惊的心情。

和许多人一样，我也有刚与一位亲人共进晚餐，却在那一周的晚些时候就参加了他的葬礼的经历。有些我本以为会陪我一起老去的亲人毫无预兆地就突然去世了。死亡来得如此地迅猛无情，似乎没有丝毫公平可言，然而毫无疑问，我们中的许多人都会有这种经历。

当人们沉浸在悲痛之中时，往往会琢磨可预见的死亡和突发性死亡相比，到底哪一种死亡方式会更好，似乎这样就能够确定自己对于这个长久未决的问题的看法了。

不过，在目睹了许多死亡，并与其他人讨论其后果之后，我可以和大家分享一些自己的意见。

可预见的死亡，就其能够被预测出来的程度而言，提供了一个机会让我们得以与自己的内心和亲近的人们进行对话。这些对话可以是关于现实方面的，如我们希望如何分配财产，谁该得到我们的珠宝，以及我们想要怎样结束生意。它们也可以是关于哲学方面的，如我们应该感谢谁，必须请求得到谁的原谅，哪些信仰、什么样的姿态能让我们在生命的最后时段获得安慰。对于亲友们来说，可预见的死亡让他们有最后的机会去理解病人，并实现病人的最终心愿。

虽然这提供了许多机会来解决我们普通人生活的各种问题，并为安然离世提供了条件，但要说这就是大多数人的死亡方式的话，不免有些牵强。就我的所见而言，我们中的许多人至死都带着希望，不愿接受自己的死亡。然而我们那些有待解决的事务并不像收拾衣橱那样简单，我们无法断定到底哪些才是真正重要的事情。最严重的后果在于，我们让包括医生在内的其他人，在根本不了解我们的情况下，代表我们做出重大决定。因此，即便有安然离世的机会，也并不意味着我们就能真正地安然离世。这是一件值得我们深思的事。

正如我亲眼看到的那样，突发性死亡会瞬间导致家庭支离破碎，令人非常痛苦。也许悲伤程度并不会更深，但它没有留出任何时间供我们收集应对技巧。

有一天，我正一边穿过繁华的大街一边琢磨接下来的会议，这时一位朋友打电话来告诉我，我们的一位同事自杀了。我前不久刚刚在走廊上向他挥手致意。还有一次，我乘坐的飞机刚刚落地，手机屏幕上便闪现出一条信息：前一天晚上还与我共进晚餐的一位年轻的女士去世了。

事先完全没有任何预警——也许是一顿饭、一个拥抱、一次散步或一场争吵——某个事件会无情地成为我们之间最后一次见面的机会。这很难不让我们感到震惊。这种类型的死亡不会事先留出时间供我们实现愿望或者获得和解。也许这些会晚些时候发生，但首先，我们将不得不面对那些意想不到的失去，一想到也许我们本来可以采取不同的做法就会思绪万千。

逐渐失去亲人的人希望避免亲人临终时的苟延残喘，而突然失去亲人的人则恳求上苍能多给他一点时间。不管人们是如何去世的，死亡总会带来痛苦。

有一个寓言讲道,一位国王曾请一些智者去设法想出一句格言,要求无论境况是好是坏,这句话都要是正确的。经过一番思索,他们给了他一枚戒指,内侧刻着这样一句话:这一切终将过去。我令人敬佩的病人们都是按照这句格言生活的。他们知道,明智的生活就是不管快乐或是悲伤,都要平静地面对。这种认识赋予了他们生命的意义,并随之留下一笔精神遗产。它不会加速他们的死亡,反而会使他们的余生更加快乐。

然而不管是突发性的还是其他性质的死亡,我们应该如何让自己和亲人们做好准备,面对我们的死亡呢?我不禁想到,拉梅什过的那种生活能够让人们更容易继续前行。

在他去世后的几天里,病房里一片死寂,人们尽量避开彼此,以免想起他们失去的同事。这道伤口又深又痛,实在令人难以承受。而且,平心而论,这真的很不公平。一个八十多岁的高尔夫球手都能在心脏病发作后幸存下来,为什么一个年轻得多的人就偏偏不行呢?我们又能做些什么,来保护亲人们免遭如此的命运呢?

在他去世之后的几年时间里,观察这段愈合过程,以及将其与拉梅什生前做的事联系起来分析,一直是很有意义的。

他对他人的善意和关心,使许多人都愿意缅怀他。他的同事

们每年都会以他的名义举行纪念会，年轻的医生们则将善行延续
到了他人身上，就像他曾经对他们做过的那样。这就创造了一个
哀悼者的社团，让大家不再是无助的个体。

他的妻子天性平静，在一种无法想象的困境中养育着他们的
两个孩子。她有意地做出了一个决定：不去哀叹自己的命运，而是
对他们在一起的那些年心怀感激，并记住他为他人的生活带来的
善意。我不禁想到，对拉梅什的真心尊敬和悲痛大大帮助了她，将
她从世界的遥远角落中拯救了出来。虽然她几乎没有融入他的
职业生涯，但她的牺牲成全了一个更伟大的事业。这让她感到
安慰。

在关于我们到底怎么做才能帮助亲人们熬过突发性死亡带来
的痛苦这个问题上，有一个很重要的意见就是无须过度帮助。当
一个人克服自身的震惊感和背叛感，并向其他人求助的时候，其实
正在进行深入的治疗。

我同事自杀后的几个星期，对所有认识他的人来说都是非常
难过的。他风趣幽默、才华横溢，而且很受大家欢迎。但他却不感
激这一点，那么这一切就都没有意义了。有些医生参加了追悼会，
有些人寻求心理辅导，有些人渴望知道更多细节，还有一些人则在
矛盾的情感中苦苦挣扎。他亲密的一些朋友很生气也很困惑。尽

管我们非常想念他，但必须接受这些不同的反应，而且也需要时间来恢复。

我参加了每一个纪念拉梅什的集会，也向他致了悼词。这是我所做过的困难的事情之一。过了一段时间后，我拜访了他的妻子，可不知道该说些什么，也从来没有想象过这种场合。她给我看了一摞她收到的卡片，随后我们在沉默中坐了下来，读着来自他所接触过的所有人的表达回忆和慰问的卡片。我记得，一想到大家都因失去了拉梅什而伤心，这是一种多么深切的安慰啊。的确，当悲伤有人分担时，心情就不会那么沉重了。从那以后，我再未低估任何一张表达思绪的小卡片，也再未低估任何一次短暂的探访，而将它们看作是向逝者和幸存者表达关心及尊重的标志。

我在工作的过程中，曾经遇到许多害怕亲人死去的人，他们说自己也许无法再继续走下去了。然而事实上，他们会发现我们人类有着巨大的恢复和复原能力。当事情已经发生时，也许我们无法想出一个可以替代生命的方案，但若情势需要，我们总能找到一个办法，因为我们的适应能力足够强大。我们应该以此鼓起勇气，获得力量。

这就使得我们即使失去了安然离世的机会，也依然能够活得很好。无论我们是像大多数人那样能预见到自己的死亡，还是突然地死去，我们能被人铭记的，总会是毕生表现出来的品质。

我们应该学着对自身感到满意，并在与他人打交道时表现出慷慨。我们应该关注自己的健康，努力活得长久、活得丰富，但要表现得好像生命即将结束一样。用处理临终事宜所需的方式去思考和行动，能够帮助我们找出一种方法，它既能让我们的死亡变得轻松一些，也能让其他人做好准备。

面对死亡造成的余波

流泪可以减轻痛苦。

——威廉·莎士比亚

（William Shakespeare，英国剧作家、诗人）

我很小的时候就失去了祖父母和外祖父母，那时候我太小了，无法欣赏他们的品质，也没有机会与他们交谈以更好地了解我们的家族的传统和历史。我的祖母在很长的一段时间里身体都很虚弱，一直也没能恢复，最终在印度的家里去世了。她并没有罹患绝症，但是她那时年事已高，摔倒造成了严重的髋部骨折，让她一病不起。她生了压疮，神志也变得模糊不清，在那医疗不发达的时期，尤其是在我们所居住的印度，除了坐在她身边通过陪伴去缓解她的痛苦，家人们能够做的事情少之又少。她去世的时候并没有因为病痛的折磨而呻吟尖叫，原本杂乱的房子里一片寂静。然而这寂静之中蕴含着一种深沉的悲伤，而且我们也在反思，到底用什么办法才能让她走得更加安详。当她夜间突然清醒的时候，我们在想是否太过频繁地表达自己的难过了呢？我们有多少次想让她安静下来，即使她根本不知道自己在喊什么？我们是不是忽视了她的疼痛、饥饿和干渴呢?

习俗要求我们敬爱所有的长者。我那正处于青春期的表姐是一位训练有素的护士,熟练而灵巧地致力于祖母的皮肤护理和清洁工作。她还能够清楚地区分祖母到底是出于疼痛在哭喊,还是因为感激而抽泣。祖母的两个儿子尽他们的一切力量让她感到舒服,并寻找了一切可用的医疗方法。然而很明显,她在临终时还是很痛苦,因此,当这种痛苦结束时,对于我们所有人来说都是一种解脱。由于最后的仪式是按照印度教的传统来进行的,所以她躺在了火葬柴堆上,我们希望她能和早先去世的丈夫重聚。

葬礼结束之后,屋里一片寂静。我们非常想念她,所以请人到家中召唤她来世的灵魂,希望能和她交流。现在看来,这种习俗似乎有些荒谬,但我还记得,当得知她一切安好的时候,心中充满欣慰。人类总会抓住一切希望,无论它有多么渺茫。

我的外祖母死于癌症。她是在印度一家著名的医院去世的,之前她一直不相信自己得了绝症,直到最后也没有意识到自己得了绝症。因为她没有出现任何可怕的症状,如疼痛、呼吸困难或头脑混乱,然而身体却日渐虚弱。没有人告诉她诊断结果,也没有人问她在临终时想要什么,在当时都是如此。直至今天,在很多文化里,人们对此依然讳莫如深。

　　我的外祖母是一位虔诚的女性，每天起床后都会在尚未进食的情况下在一座古老的印度教寺庙里赤脚行走，以祈祷神保佑她全家平安。也正是在那儿，在她祈祷的时候，她的一个孩子结婚了，一个孙子出生了，也有人生病了。在她动身前去寺庙之前，她会欣然为一大家子备好口粮。这就意味着天刚亮的时候，她就得起来生火，再搭起一个摇摇晃晃的炉子来。有时候，等她忙活完了，可以动身去祈祷的时候，就已经将近午餐时间了。她挎着一篮鲜花、拿着一串念珠，在庙宇关门前冲进去，然后再急匆匆地跑回来，虽然常常饿得饥肠辘辘，她却总是感到心满意足。旁人无须同意她的人生观，但却无人不被她的自律所感动。在她去世后的很长一段时间里，人们都在议论，认为是她长期禁食的习惯导致了癌症的出现，不过这种事谁也说不清。

　　我不禁想到，如果我们问她的话，那么她可能会表示希望回家，在那座支撑了她一辈子的寺庙的庇护下度过最后的时光。她一定很希望能和丈夫、儿女和孙子们多相处一段时间，回家去收拾自己为数不多的但又保存得很好的家当。然而恰恰相反，我们觉得自己是在帮她，要求她在城里最好的医院里度过最后的日子。因此，医护人员给了她过度的关注，为她开了许多毫无效果的药物，而我们则只能眼睁睁地等着她死去。

一天深夜，我们从护士的眼皮底下偷偷地把她带了出来，因为她的小儿子仓促地提前举行婚礼，她想要为他祝福。当护士发现她从病床上失踪了的时候非常生气，但肿瘤医师却没说什么。我们对他的反应感到有些吃惊并深表歉意。但多年后，当我也成为一名肿瘤医师，才意识到，我们之所以那样做，是因为知道没有一个医生会想让她外出，这让我们感到绝望。我们认为专业医护人员是无所不能、无所不知的，但因为不知道该如何表达自己的问题，而他们也没有想到要展开这种艰难的谈话，所以我们只得在黑暗中摸索，猜测只言片语中隐藏的意思。事后看来，这所有的一切似乎都很糟糕，但我知道这就是当时的常态，我的外祖母比大多数人得到了更好的照顾。

随着肝脏开始衰竭，她陷入了昏迷，并最终去世了。与我那位髋部骨折的祖母相比，她的死亡是由癌症造成的，更加平和和可控。她受到了很好的私人护理，走得也很有尊严，但令人惊讶的是，直至今天，她去世的阴影还一直影响着我们的家庭。没有人能够预测到，在那段困难时期所经历的紧张局势会在兄弟姐妹，以及他们的子孙辈之间造成一道裂痕，并在数十年后导致亲人们持续地痛苦，艰难地面对棘手的问题。

家人们一直被一些问题所困扰着，这些问题并非关于她的病症是否得到了控制（她并没有出现多少症状），也不是她的死亡是否能够被预知（答案是否定的），而是是否应该与她进行一些坦诚的谈话以知晓她的心愿。例如，她希望如何被别人铭记，又想把遗产留给谁。她本人的愿望是否与后来所留给我们的一切完全不符呢？我们永远也不会知道了。

　　我回忆这两个人，是想要说明无论死亡有多么理想或多么不完美，所有活着的人都要面对某种形式的悲伤。当今时代最典型的死亡方式是病情逐渐恶化。在应对这种情况的时候，我们的哀悼应该从亲人们丧失了我们最熟悉的品质的时候开始。我们应预测他们的死亡，对他们的未来不抱有妄想，也不可认为凡事非黑即白。

　　我工作的特权之一，就是有机会了解人们会如何应对死亡带来的余波。

　　照顾临终病人需要人们全身心地投入。许多家庭成员都会怀着一种专注、忘我的热情，全情投入这项任务之中，这是他们在其他任何事情上都不曾表现出来的，甚至令他们自己都感到吃惊。从生理上来说，这项任务令人疲惫不堪；从情感上来说，则困难重重。因此，病人最终去世之后会留下一个巨大的空洞并使许多人流露出遗憾。这是很自然的事，从身体方面的负担解脱出来之后，许多问题便随之而来了。我们做得够多了吗？我们说的话合不合适？我们是否还能够做得更好呢？

但是亲人去世后的这段时间，我们应该用这段话来进行自我安慰：我们当时已经做了自己力所能及的事。也许在某些人际关系中，有些事情和想法并非如我们希望的那样展开，但当时在那里，我们也尽了自己的全力，所以现在就可以放轻松、休息一下了。人类哪有不犯错的呢？

亲人去世后，让我们痛苦的事情之一也许就是我们脑海中会不时地浮现疑虑。哀悼死者、对其仅表达溢美之词并没有错，因为毕竟他们已经不在了，也没法再为自己辩护了。然而在我们头脑中的某个角落，总会记得我们之间的关系曾有多么紧张，以及他们又曾多么愤愤不平、戒心满满、冷酷无情，尽管我们放弃了自己人生最美好的年华去做他们的朋友、照料者，或者两者兼而有之。当听到一位同事针对某位我们都喜欢的已故朋友说了一些毫无必要的刻薄话时，我知道自己有多矛盾。历数已故之人的缺点，会让人们觉得他不可靠，但否认它们的存在也是不对的。我明白，即使我们爱过和思念过的人也可能是不完美的，但承认这一点并不意味着是在诋毁他们整个人。

在我即将作为一名肿瘤医师投入第一份工作之前，我失去了一对孕晚期的双胞胎。失去他们是如此突然又毫无缘由，以至于好几个月之后，病人们看到我衣服隆起时，还会天真地询问孩子的预产期是什么时候。当然了，根本没有婴儿了，而且在那个时候，我很担心自己是否还能再次成为母亲。病人们那天真的期待会让我陷入愤怒，抱怨生活的不平、死亡的不公，直到我环顾四周，才意识到自己仅仅是生命蓝图的一个组成部分而已，而生命原本就是既辉煌又混乱的。有的时候我想要倾身于悲痛中发泄个痛快，有的时候却只想逃得越远越好。发生在我身上的令我印象深刻的事情之一是，一位老年患者告诉我要学会和悲伤慢慢相处。他失去了相伴五十年的妻子，每个人都不耐烦地催促他继续向前，但他却很高兴伴着与她有关的回忆生活。我的病人告诉我，那种剧烈、痛苦、铺天盖地的悲伤让人筋疲力尽、难以承受，但最终会消散，只留下一种隐隐约约的钝痛，这种钝痛会时不时毫无预兆地发作起来，提醒人们死亡永远不会完全失去它的控制力。时间证明他是对的。从那以后，无数的病人让我知道，所有的悲伤都是合理的，我们无须急于按照自己或别人强加的时间期限去战胜它。

社会留给我们哀悼死去的宠物或失去的工作的权利远比哀悼亲人的大得多。我们不愿提及死者，担心自己的话可能会带来厄运或是让丧亲者难过。我们知道如何为即将到来的新生命庆祝，也知道怎样纪念生命中的里程碑，但不会应对在出生后必然要发生的另一个重大事件——死亡。

我们不能仅仅为了适应这个对哀思感到不快的世界，而匆忙地陷入悲伤的情绪。悲伤没有既定的轨迹，丧亲之痛也不会遵循什么规则。在一个越来越世俗的世界里，也许我们不会再遵循祖先的宗教或习俗了，但仍然可以通过他人哀悼的方式来寻求启发、获得安慰。

印度教徒会尽快把尸体火化，而且在接下来的十三天里，不会在家中举行任何仪式或祈祷，直到逝者的灵魂离开肉身，因为他们认为灵魂是不朽的。他们会在逝者离世后的一个月和周年纪念日举行特殊的仪式，认为这些仪式能给逝者和生者带来安宁。我曾参与其中，体会过它们给内心所带来的圆满和平静。

一得到亲人去世的消息，穆斯林们就会被教导着念一段《古兰经》的诗句："我们属于真主，我们将回到真主身边。"在被清洗干净，由普通的没有一针一线的布料裹住之后，逝者通常会在二十四小时之内入葬。他们会通过一种特别的祈祷而被铭记。在祷告时，吊唁者们都会站立着，但在葬礼之后，并不会举行正式的仪式。

佛教徒认为，身体仅仅是精神的一个容器，而精神是永生不灭的。在死亡后的一个月内，身体也许会处在生与死之间的状态中。在这段时间里，所有人，无论是逝者的遗属、故交，还是曾经照顾逝者的人都可以祈祷。祈祷并不指向某个实体，而是为了让精神变得清晰和纯洁。

犹太教同样也要求生者尽快埋葬逝者，随后犹太人会进入一段进行深刻哀悼的时期。在一个人离世后的七天里，他们要进行七日服丧期。这是源于希伯来语中的"七"。哀悼者们席地而坐，讲述逝者的故事，身着被撕坏的衣服。这象征着有一个人从他们的生活中消失了。逝者的朋友和同事们可以在指定的时间内进行"息瓦"时期的拜访。

基督徒对来世有着强烈的信念，他们的葬礼十分关注死者进入天堂的过程。基督徒会为死者的灵魂诵读赞美诗并进行祈祷，希望他们的灵魂能够再度觉醒，或是相信他们已经开始了另外一段人生。

一些文化中的哀悼活动比较私密，而另一些文化则主张渲染悲伤以安抚死者。

与提倡克制的欧洲文化不同，刚果人认为，如果亲属们没有在葬礼上大声哭泣的话，那么是很可耻的。

我们并不能说死者会因为丧亲者们的行为而感到安慰、悲伤或是无动于衷，人们只是在尽己所能，以安慰自身，给自己带来安宁与释然。死者既不会因为我们活着而怨恨我们，也不会希望我们比现在更加悲伤。死者终于安息了，如果我们的仪式能帮助我们得到安宁，那么他们也会为我们感到开心的。

每年圣诞节，当我们再次感到悲伤时，我的家人们都会记住这一点。我丈夫的妹妹在很小的时候就意外去世了，甚至来不及道别。现在的餐桌和她生前用的不是同一个，我们没有摆放盘子，而是点了一支蜡烛来纪念她。在圣诞节的欢乐和喧闹中，闪烁的火焰总能让人流泪，但通过这个微小又重要的方式，我们就能承认自己的悲伤是永远存在的，并教导我们的孩子，悲伤从来没有截止日期。

在一个宗教的慰藉已逐渐消退的时代里，人们在丧亲期间寻求专业人员的帮助的现象日益普遍。这种方法能够帮助我们在悲伤的过程中熬过最令人难过的时刻。但我从许多病人的叙述中了解到，时间的流逝和家庭的团结往往才是好的治疗方法。

并非每个人都需要平缓悲伤的心理辅导，独自难过然后自己痊愈也是有可能的。在我失去双胞胎的时候，收到了大量的安慰和帮助，但我所需要的仅仅是一些独处的时间。时间、眼泪、安静地散步和写作都帮助我改变了自己那混乱颠倒的世界。如果它们没有发挥作用的话，那么我希望我当时能有洞察力去寻求帮助。有时，专业帮助的价值就在于它能让我们安慰自己：我们的经历是正常的。

当我见到已故病人的亲属时，总会问他们是怎么应对的。我总能听到他们说，他们发现自己比以前想象的更具恢复力。这也验证了人类有承受痛苦和自我恢复的能力。他们告诉我通过交一位新朋友、找到新鲜的爱情、养只宠物或尝试一个新爱好，他们的生活就变得轻松多了。很多人还会强调在亲人去世后的悲痛中保持生活规律的重要性。这包括获得足够的睡眠、定期锻炼、适度社交以及按时进餐。对于丧亲者来说，善良的帮助方式之一就是在他们面对未来时，陪伴在他们身边。

我总是告诉在世的亲属们，如果有疑虑和担忧的话，尽管来找我。因为我知道，在其他人的生活都在继续前行的时候，丧亲者们的内心仍然会被一些谜团困惑着，而找我商量就是解开它们的一种方式。每年总会有一些人接受我的邀请，他们的故事深刻地提醒着我们，在死亡发生之后，遗憾和恐惧会伴随着我们。还有一些人会求助于曾长期为其亲属看病的家庭医生、社会工作者或姑息性护理专业人员，以求他们理解自己的痛苦。如果知道了这样的想法是自然又普遍的，也许我们就能够勇于提出长久以来觉得不恰当又不礼貌的问题了。

　　几乎没有人会在经历了所爱之人的死亡之后不去面对自己的死亡这一话题。如果我们没有投入大部分精力去了解死亡，就不可能成为病人亲密的知己、长期的护理者或共谈生死的朋友。因此，他们的死亡会很自然地引发我们关于自己生命的思考。

　　我们不应被这些问题所压倒，但也不能摆脱它们。相反，我们最好能激发大量的关于死亡的思绪和想法，因为它们对于有意义的生活而言是至关重要的。提醒自己我们都是肉眼凡胎，其实，这正意味着我们要尊重自己，体贴地对待那些比我们活得长久的人。

后　记

　　作为一名医生，尤其是肿瘤医师，困难的事情之一就是不断地面对死亡。死亡不会放过任何人，无论是虚弱年迈的祖父，还是美丽又充满活力的母亲；无论是事业有成、文质彬彬的经理，还是辛勤劳作、卑微恭谦的工人。死亡的确是一段对每个人来说都绝对平等的经历。但这并非局限，这种认识教会了我如何让每一天都过得有意义，让我心存感恩、勤于思考，并有所作为。接受我们自身终将死亡的事实并与之和平相处，是非常重要的。这一事实不妨碍我们去过充实的生活，也不妨碍我们尽自己一切力量保持健康长寿。

　　我从事这份工作，不可能不考虑自己能留下什么遗产，也不可能不提醒自己去思考自己正在积极塑造的角色到底是什么。无论这个角色是答疑解惑的医生、乐于助人的病人、关怀备至的母亲，还是忠心耿耿的朋友，最重要的一点是需要真实地对待自己。

即使对于那些经常照顾临终病人的人来说，想象自己的足迹有一天消失在这个世界上也是一种考验。我怀着心痛和恐惧之情看待年轻病人的命运，不知道他们的孩子该如何面对他们即将离去的事实。那些年长病人的去世使我的心情变得沉重，尤其是当他们对生命仍然满怀强烈的热情的时候。如果有一天能拥有魔杖的话，那么我想我可能会用它来消除我数不清的各种突发死亡。

令人震惊的是，居然有那么多人认为死亡是对现代医学的谴责，是个人或者专业方面的失败，而不是一件注定要发生的事。我非常清楚地知道，人们很容易把死亡看作是发生在别人身上的事，关于这一点，是因为我们都习惯于"奇迹思维"了。不过没关系，这个问题正在改进。事实上，无论是开始思考亲人的离去，还是考虑我们自己的死亡，这些举动都是一种进步。

对我们大多数人来说，死亡将以一种可见的、逐渐衰退的方式出现，而且这种衰退方式最终不太可能会以睡觉或永不醒来结束。我们的死亡过程会持续几个月，甚至是几年，在这期间，我们的健康状态会起伏不定，我们也会经历几次死里逃生。我们中的一部分人，也许以后会光顾急诊室，听见重症监护室的紧急呼叫，并见到一大批关心我们的医生。因此，我们真的不应该将自己仅仅看成独立的个人，而是应将自己视作复杂又独特，并且拥有重要的梦想、欲望和目标的个体。为了尊重它们，我们需要积极地塑造自己的生命，明白美好的生活正是安然死亡的基石。至于如何去做，这取决于自己，我们必须以此为目标。

我要感谢你陪伴我踏上一段艰难而又重要的旅程。我希望有一些故事能鼓舞你，而另一些则能够促使你思考自己是谁、将要去何方。这些问题是我们每个人都要面对的。只要能真实地面对自己，在喧嚣又过度外露的世界中留出一方净土供自己静思和反省，我们就能够找到答案。

你在探索如何实现美好生活的同时，也在寻求自身的平静与满足，并且最终也一定能够获得一种更安然的死亡方式，好好地和这个世界道别。

致　谢

　　我之所以撰写这本书，是因为想要重拾自己的奉献精神。如果没有无数病人和他们的家人的慷慨相助，那么这本书是不可能完成的。他们允许我照顾他们，并与我分享他们的故事，这样我们才能从他们的经历中汲取经验和教训。要面临生命中具有挑战性的事件之一——死亡，并且仍然保持着关心他人的能力和意愿，是非常了不起的，我欠这些无私的人千万声感谢。他们教会了我如何成为一名更优秀的医生和一个更体贴的人，我相信他们的故事同样也会照亮其他人的生命。

　　任何创造性的过程，都是从一个人相信了一个模糊的概念开始的。我感谢我的经纪人克莱尔·福斯特（Clare Forster），是他帮助我重新与澳大利亚西蒙–舒斯特出版集团的一名优秀编辑——丹·鲁菲诺（Dan Ruffino）取得了联系，他本可以回复我"待定"，却还是选择对我说"没问题"，并默默地授权我写作这本书。克莱尔·德·梅迪奇（Claire de Medici），凯蒂·斯塔克豪斯（Katie Stackhouse），香农·凯利（Shannon Kelly），马克·埃文斯（Mark Evans）和丽莎·怀特（Lisa White）都曾努力地修改这一卷零散的手稿，将之变成了一本真正的书。这本书原本似乎是不可能出版的，但最终却有幸得以出版。可爱的安娜·奥格雷迪（Anna O'Grady）和销售团队在幕后孜孜不倦地工作很值得称颂。克里斯·勒蒙（Chris Lemoh）、艾琳·瓦格纳（Irene Wagner）、凯特·理查兹（Kate Richards）、安德烈娅·麦克纳马拉（Andrea McNamara）以及《卫报》（*The Guardian*）团队也功不可没，是他们帮助我看到了本书的未来。

我非常感谢我的出版商罗伯塔·艾弗斯（Roberta Ivers），原因有两点：她对我写作的一贯关注和对我的坚定信心。关于"活得美好、死得安然意味着什么"这样重大的问题，单独的个体是无法坚定不移地思考的，而且有时还会觉得无助、感到迷茫。即使是一位能干的出版商，其任务大概也不过是为作家重新定向而已，但罗伯塔的正直和友谊让我感到充实。

同样令我感到惊喜的是，在写作这本书的过程中，家人对我的

生命终点的故事

爱和支持始终如一。为此，我要感谢我了不起的双亲——乌尔米拉和考沙尔，还有我的兄弟拉杰什对我的信任。我还要感谢罗斯玛丽、杰夫、塔鲁和海伦对我的支持。

如果没有我的丈夫迪克兰，那么我只会成为一名默默无名的作家。他尤其擅长在睡不着的时候萌生出各种奇思妙想，并在我还在睡觉时将它们记下来。我还要谢谢罗汉、安贾莉和萨钦，谢谢你们或大或小的帮助。拥有你们，我很幸运，你们要知道在我的生命中没有什么事比做你们的母亲更能让我感到快乐了。

兰詹娜·斯里瓦斯塔瓦

关于作者

兰詹娜·斯里瓦斯塔瓦博士是一位执业肿瘤医师，也是一位曾在国际上发表许多作品并获奖的作家，同时还是一名播音员和获得过"富布莱特法案基金"（Fulbright）的学者。

此外，她还是澳大利亚皇家医师学院（Royal Australasian College of Physicians）的成员，并在公立医院工作。2017年，兰詹娜因对医患沟通做出的贡献而被授予澳大利亚勋章（the Order of Australia），并被莫纳什大学（Monash University）评为"年度杰出校友"。

她的文章发表于世界各地的杂志期刊，包括《时代周刊》（*Time*）、《周刊报道》（*The Week*），以及《新英格兰医学期刊》（*The New England Journal of Medicine*）、《柳叶刀》（*Lancet*）和《美国医学会杂志》(*Journal of the American Medical Association*)等著名的医学刊物。2018年,她以《卫报》专栏作家的身份入围了"沃克莱新闻奖"(Walkley Awards)的决赛。她著有一些广受欢迎的非虚构类书籍,其中《告诉我真相:与病人之间有关生死的对话》(*Tell Me the Truth: Conversations with My Patients about Life and Death*)入围新南威尔士总理文学奖(NSW Premier's Literary Awards),《谈笑间定生死:医患之间的沟通失灵反思》(*Dying for a Chat: The Communication Breakdown Between Doctors and Patients*)获得人权文学奖(Human Rights Literature Prize),以及《成为医生所需要的品质》(*What It Takes to Be a Doctor*)入围澳大利亚职业图书奖(Australian Career Book Award)决赛。她目前居住在维多利亚州。

详情请登录网站 www.ranjanasrivastava.com。

死亡的确是一段

对每个人来说都绝对平等的经历。

———

接受我们自身终将

死亡的事实并与之和平相处，

是非常重要的。